中日ドラゴンズ復活論

竜のエースを
背負った
男からの提言

CBC野球解説者／
中日スポーツ野球評論家／
トヨタ自動車硬式野球部
テクニカルアドバイザー
吉見一起

はじめに

２０２０年11月5日、バンテリンドーム ナゴヤ。僕はユニホームにスパイクではなく、スーツに革靴というでたちでカメラマンからの無数のフラッシュを浴びました。そう、引退会見です。お世話になった指導者や先輩の方々には報道が出るまえに電話で連絡し、落合政権時《おちあい》に盛り立てていただいた和田一浩《わだかずひろ》さんからは「ヨシ、自分で選べるんだから幸せだぞ」と言っていただき、そのとおりだなと実感しました。

もちろん、ひとことで簡単に「現役引退」というくくりをされても、そこには正直、さまざまな葛藤はありました。チームの中の自分の立ち位置、1軍の登板の激減、自分に対する周囲からの気遣い、可動域を含めた力の劣化……。僕はそれらを客観的に見つめ直して、現役に固執しても同じことの繰り返しになるかなと感じ、次の道へ進むことに決めました。

「たら・れば」は勝負の世界ではタブー。区切りをつけて振り返ればたくさんの後悔もありますが、ひとつだけ確信を持っていえるのは、15年間のプロ野球人生は本当にかけがえのない幸せな時間だったなということです。

２００６年。本書でも詳しく触れることになりますが、ルーキーイヤーの際にはエースの川上憲伸《かわかみけんしん》さんを筆頭に、１５０キロを超える投手ばかりのハイレベルな状況に「えらいところに来てしまった」と愕然《がくぜん》としたものです。

15年間が長いか短いかはわかりませんが、プロ野球の酸いも甘いも感じることができたのは何よりの僕の財産です。

僕は引退会見でこんな言葉を残しました。

てっぺんも底辺も見れて、両方見れたのは、野球以外の今後の人生にも生きると思います

不安だらけでスタートを切りながら08年から5年連続二桁勝利を達成。そしてトミー・ジョン手術を受けて以降の8年間は絶望も味わいながらまさに試行錯誤の状態。この前半の7年間、後半の8年間の両方を経験できたことが、今後、指導者となった際にも、引き出しのひとつになるのではないかと思っています。

投げたくても投げられない苦しいリハビリ期間、2軍で登板のチャンスを今か今かと待ちわびる心境、状態が良くても声がかからないジレンマ、10歳以上離れた若手投手の野球への取り組み方……自分が垣間見たり直面したさまざまなシーンというのは、故障をして2軍生活を余儀なくされなければ経験できないことでした。だからこそ、僕は引退会見で

「てっぺんも底辺も見れて」という言葉が口をついたのだと思っています。もちろん、故障をせず常に一線級で働くことができれば言うことはありません。バンテリンドーム ナゴヤで現役引退を2軍のナインに報告した2020年11月1日。僕は故障がちだった小笠《おがさ》原《わら》慎《しん》之介《のすけ》や梅津《うめつ》晃大《こうだい》らをまえに「元気でもその日のうちにしっかりケアすること。自分の体を大事にしてください」と挨拶させてもらいました。これは偽らざる本音です。

両親の教育方針もあって僕が常に肝に銘じているのは、吉見一起というひとりの人間の人生を支えてくれた周囲の人たちへの感謝の気持ちを持つことです。

15年間のプロ野球生活を終えたことをひとつの区切りとし、僕にかかわっていただいたすべての関係者の皆さんに絵葉書を送らせていただきました。その数は正確な数字ではありませんが、300を超えたでしょうか。絵葉書は、同年11月6日の引退試合で花束を持ちマウンドに手をついた写真がモチーフです。

そこに僕は直筆で丁寧に「感謝」という言葉を添えました

僕の座右の銘といっていい言葉であり、常にその気持ちを持って人生を過ごしてきましたし、今後も変わることはないでしょう。

本書は、現役時代に吉見一起を15年間もの長い間、応援していただいた中日ファン、そしてすべてのプロ野球ファンの方々への「感謝」の思いを込めて書き上げました。決して速いボールを投げるわけでもなくすごい変化球もなかった僕は、本塁までの18・44メートルの空気を読み、打者との駆け引きに神経を尖らせ、コントロールを意識してからようやくプロの世界でも飯を食えるようになりました。

僕なりに懸命に綴った著書で読者の皆さんの心を読みつつ、「この本を買ってよかったな」と満足いただく――そんな制球力を発揮できたかどうかの自信は正直、持てません。それでもパソコンのまえで渾身《こんしん》の全力投球で先発完投をしたことはたしかです。

中日ドラゴンズのファンの皆さんがこれまで以上にチームと名古屋を盛り上げ、全国の野球ファンの皆さんが今以上にプロ野球を盛り上げる。本書がその一助となれば幸いですし、沈みがちな日本社会全体が活性化されることを切に願っています。

吉見一起

中日ドラゴンズ復活論　目次

第2章 野球大好き少年がプロ野球を目指すまで

第3章 中日ドラゴンズ〝エース〟の系譜 52

第4章

なぜ〝落合ドラゴンズ〟は黄金時代を築けたのか？

［第1章］

中日ドラゴンズ入団までの道のり

「野球のことが大好き」
そんなごく普通の野球少年は、
導かれるように中日ドラゴンズに入団する。
そこに至るまでの経緯には、
たくさんの人たちとの出会いがあった。

阪神ファンよりオリックスファン

この本は中日ドラゴンズへの愛ある提言を目的とした本ですが、それには小学生から野球を始めて、中日ドラゴンズに入団後、生え抜きとして昨年引退するまで15年間を過ごした僕の野球人生を振り返る必要があるでしょう。まず本章では、僕と中日ドラゴンズの不思議な縁について綴っていきたいと思います。

のちに〝竜のエース〟と呼ばれた僕は京都府福知山《ふくちやま》市生まれ。そして小学校2年生時に父親の仕事の関係で大阪府吹田《すいた》市の学校に転校します。その頃からボールを握り始めた僕は、その土地柄もあり、もちろん地元球団への愛着を抱いていました。

ただ大半の周囲の友達とは違い、セ・リーグの阪神タイガースではなくパ・リーグのオリックス・ブルーウェーブ（現オリックス・バファローズ）の大ファン。父親の会社がシーズン券を持っていたこともあって、当時グリーンスタジアム神戸を本拠地としていたオリックス主催の試合に足を運んでいました。

スーパースターの階段を駆け上がり始めたイチローさん、走攻守の三拍子が揃いのちに大リーグのセントルイス・カージナルスの一員としてワールドチャンピオンにも輝いた田《た》口壮《ぐちそう》さん、大リーグのオークランド・アスレチックスでも実績があり主砲だった外国人選手のトロイ・ニール……仰木彬《おおぎあきら》監督率いるオリックスが強かったこともあり、一塁側後方でいつも観戦したことは脳裏に焼きついています。

阪神タイガースなら印象深い投手は、のちに大リーグのアスレチックスにも在籍された藪恵壹《やぶけいいち》さん。当時の阪神タイガースは決して強くはありませんでしたが、藪さんの淡々と投げ込む姿が僕の心に響いていました。

そんなどこにでもいる野球少年は、吹田市立片山《かたやま》中学校を経て金光《こんこう》大阪高等学校へ進学。エースとしてマウンドに立つことができましたし、幸いなことに甲子園にも出場することができました。そんな時代の話は第2章でまたくわしく綴ります。

ちなみに、その後、お世話になる中日ドラゴンズですが、当時の僕には「12球団のひとつ」という意識しかなく、エースだった山本昌《やまもとまさ》さん、今中慎二《いまなかしんじ》さん、野手の主力の立浪和《たつなみかず》義《よし》さんの名前も恥ずかしながら野球ゲームで知っている程度でした。

プロ野球のオールドファンなら誰しもの脳裏に刻み込まれている読売ジャイアンツと雌雄を決した1994年の10・8決戦。当時小学5年生の僕にとっては、正直、その負けたほうのチームという認識しかなかったのです。

中日ドラゴンズを強く意識した米村明《よねむらあきら》スカウトの存在

関西出身の僕には東海地方も馴染みはなく、当時は愛知県の中に名古屋市が存在するという認識すら怪しい状態。そんな縁遠いはずの中日ドラゴンズをおのずと意識せざるをえない〝事件〟がありました。

実は高校3年生の時、僕には「プロへ行く」という強い意識が芽生え始めていました。というのも、**「ドラゴンズが上位で取ってくれるかもしれない」**という話が降って湧いたからです。当時は関西地区担当だった中日ドラゴンズの米村明スカウト（現中日ドラゴンズチーフスカウト）が、僕と大阪桐蔭《とういん》高等学校の西岡剛《にしおかつよし》に出会い、惚れ込んでくれたとのこと。西岡剛には千葉ロッテマリーンズの松本尚樹《まつもとなおき》スカウト（現千葉ロッテマリーンズ球団本部長）も熱心で、結果的に2002年のドラフト1巡目で指名しました。ただ、僕は米村スカウトからは人を介してこう言われていました。

「1位は明徳義塾《めいとくぎじゅく》（高等学校）の森岡良介《もりおかりょうすけ》なんだ。ドラフトにかかるとしたらそれ以降で下位指名になる」

僕も2002年の甲子園で開催される選抜高等学校野球大会……いわゆる春のセンバツに出場し、その際に高知の明徳義塾（高等学校）に敗れていたので、ある意味でその見解には納得していました。しかも米村スカウトは必死に「上位で取りましょう」と球団にプッシュしてくれていると聞いていたので、高校3年生の心は揺れに揺れたのは事実です。

頭に「中日」の2文字が浮かんでくる一方、実は当時、東京六大学と東都大学野球連盟のいくつかの強豪校からも誘いを受けていました。僕は4人兄弟の長男。吉見家にとって大学への進学費の捻出は厳しい状況でしたが、特待生という待遇での入学ということもあり、学校との面談を経て大学への進学がほぼ内定したのです。

進路を決めるきっかけとなった櫻《さくら》井《い》富《とみ》男《お》先生の言葉

その一方で、プロへの扉を開くチャンスを捨てきれない気持ちもあり、まだまだ精神的に未熟な高校生が悶々《もんもん》とした日々を過ごしていたのは想像に難くないでしょう。おそらく僕のそんな煮え切らない態度を見透かされていたのだと思います。金光大阪高校の野球部部長の櫻井富男先生に言われた言葉が僕の胸にグサッと刺さりました。

「下位でプロに行くってことは契約金が少ないぞ。プロ野球選手にとっての契約金は会社員でいえば退職金みたいなもの。**だったら3年間頑張って、1億円もらってプロに行ったほうがいいんじゃないか?**」

実は、大学への進学がほぼ決まりかけたこの時期に、社会人のトヨタ自動車からも誘いを受けていました。僕に語りかけるように櫻井先生はこう続けました。

「大学に行けばプロに入るのに4年間は自動的にかかってしまう。**ただ社会人に行けば最短の3年でプロに挑戦できるぞ**」

あくまで野球ファーストの当時の僕は、幸か不幸か日本の学歴社会というものを深く理解していませんでした。もし致命的な故障をしてしまい、野球ができない状況になってしまったら……大卒という学歴をつけたほうがおのずと将来の助けになることを理解していたら、大学に進学していたはずです。しかし、とにかくプロ入りを念頭に置いていた僕には、櫻井先生の言葉が不思議とスーッと腹の中に落ちる感覚があったのです。たかが1年、されど1年。プロ志向が強かった僕にとって大学進学より社会人野球からプロ入りという道筋が見えてきました。

「3年で必ずプロに行く。そしてもちろんドラフト1位で……」

自分の中でそう誓いを立て、トヨタ自動車の門を叩くことを決めた瞬間でした。

仕事をしないサラリーマン生活

社会人野球の選手がどういう生活をしているのか、ご存じではない読者の方もいると思うので少しだけ説明したいと思います。

名門・トヨタ自動車の野球部員とはいえ、当然のように会社の一員なので、一日の生活はまずは朝に出社することから始まります。そして午前中は社内で過ごし、練習は午後からのスタートです。

ちなみに僕の配属先は本社工場の「生開《せいかい》技術開発部」という部署でした。実は同じ野球部でも、配属先はすべての選手が同じ部署というわけではありません。これは自慢になることでもないのですが、僕は野球に没頭するうえではとことん恵まれていました。上司の方が大の野球好きということもあってか、僕の横断幕までつくってもらえるほど後方支援をしていただいたからです。

それだけではありません。その上司の方に言われた言葉は20年近くを経た今もはっきり覚えています。

「君には仕事を4年間は何も教えない。でも4年間でプロに行けなかったら5年目から仕事を教える。なぜならその間にケガをされたら困るからだ」

当時の僕の〝仕事〟は、その上司から新聞を渡され隅から隅まで読みふけること。同じ高卒でトヨタ自動車に入った同期の野球部員が車の下に潜ってつなぎが泥だらけになるまで働いていたことを鑑みると、ケガのリスクもありませんし、いかに恵まれていたかわかってもらえると思います。でも、彼も「手に職をつける」という意味では、僕より潰しがきく人間になれたのかもしれませんね。

周囲からの冷たい視線とのしかかる重圧

僕の〝仕事〟のパートナーは東海地区で発行されているスポーツ紙『中日スポーツ』です。地元・中日ドラゴンズの記事が多く、チーム状況は否が応でも頭に入ってきました。ただ、野球の記事だけ読み込んでも正直、暇になるだけです。サッカー、相撲、ゴルフなどに始まり、意味もわからない競馬や競艇などのギャンブルから、興味のない芸能ネタまで……とにかくすべてに目を通して昼までの時間を必死に潰しました。それでも時間が余った場合はその日の新聞を読み直すことも日常茶飯事。時には上司に工場見学に連れ出してもらって時間を潰す日もありました。ただ、そんな社員がひとりでも部内にいれば、職場の士気に影響しないわけがありません。

「吉見君、仕事をしなさい！ なに新聞ばかり読んでいるんだ！」

怒気を含んだ声で職場の先輩からそう注意されたこともありました。そう、ごもっともな意見です。ただ、高卒1年目で右も左もわからなかった僕は、「僕はこれをしろと言われています」と職場の先輩に言い返すと、上司に指示されたことを忠実に守り、ひたすら『中日スポーツ』を熟読することに没頭しました。今思えば生意気極まりない若造だと思いますが、とにかく新聞に目を落としたのでした。

その一方で、こんな特別待遇といっていい扱いを受けた以上、**「とにかく野球ではぶざまな結果を残せない」**という重圧はヒシヒシと感じていました。野球に没頭する環境を僕に与えてくれた上司の顔に泥を塗るようなことはしてはいけない、と。

トヨタ自動車で教え込まれた人間教育

ここで午後からの練習に目を移すと、1年目は体力づくり中心のメニューが多く、登板の機会はほぼ皆無。2年目を迎えるまえに川岸強《かわぎしつよし》さん（2003年ドラフト7巡目で中日ドラゴンズに入団）が抜けて、金子弌大《かねこちひろ》さん（現北海道日本ハムファイターズ）とともに主戦投手としての扱いを受けてからは、「注目されているな、期待されているな」という空気を感じ始めていましたが、野球で結果を残せなかったら、どの面《つら》を下げて職場で新聞を読んでいられるのか……僕の頭の片隅には常にその意識が擦り込まれていたように思います。

ちなみに、野球部の新人は過去にトヨタ自動車野球部員がいた部署に配属されるのが慣例だったようですが、実は僕は「生開技術開発部」で初の野球部の社員だったのです。そんな背景もあってか、野球に没頭できる環境を整えてもらっては、もはややるしかありません。

そのトヨタ自動車で1年目から叩き込まれたのが徹底した人間教育であり、社会人としての立ち居振る舞いでした。まだ19歳だった僕にとって「社会人野球」という世界は、少し言葉は悪くなりますが、オッサンの集まりという印象でした。これが大学であれば年上であっても3歳差。ところが社会人では年齢がひと回り以上も上の方々と同じ釜の飯を食うことになります。

そこで新入団の僕は雑務から始めることになるのですが、野球の技術以外に教わることがとにかく多かったです。挨拶から始まり、職場や日常生活における電話の出方や話し方、タクシーの呼び方や乗り方……その言動をとにかく先輩から厳しく指導されました。この学びは、僕がプロ野球の世界に飛び込んでからも活かされたと思います。

決して狂うことはなかった金銭感覚

社会人としての立ち居振る舞いを学んでいく一方、金銭感覚というのも養われていきました。社会人であるということは、当然のように給料を会社からもらいます。豊田《とよた》市の寮で生活を始めた僕は、まずトヨタの『ヴォルツ』という車をローンで購入。これが職場までの交通手段でした。僕の1年目の給料は総支給額が約17万円。寮費に車のローンやガソリン代などを引くと、手元に残るのは6万円程度でした。その中から当時交際していた今の奥さんと、「お互い3万円ずつを出し合おう」と話し合い、交際費と将来のための貯蓄を捻出。結果、僕が自分だけで自由に使える金額というのは毎月2、3万円ぐらいだったと記憶しています。

プロ野球選手の中には、高校を卒業してドラフトで高い契約金をもらい鳴り物入りで入団。プロ野球選手となった時が初めての社会人経験であるがゆえ、多くの選手がとは言いませんが、金銭感覚が狂ってしまうプレーヤーがいるのはたしかです。

もし、「僕が大学に進学して4年間を過ごしていたらどうなっていたのだろうか」と、ふと思いを馳せることもあります。おそらく上級生や下級生との接し方を学ぶ機会や人間教育は大学なりにあったはずですが、身をもって学ぶことができなかったことが金銭感覚ではないかと思います。

トヨタ自動車時代の経験のおかげで、僕はプロ入り後も年俸がいくら上がろうが下がろうが、社会人時代の感覚が根底にあるので、常軌を逸したお金の使い方をすることはありませんでした。言葉を換えれば堅実だったのかもしれません。その学びに関しても、社会人野球のトヨタ自動車に進んで良かったなと実感しています。

嬉しさと弱肉強食の世界の厳しさが入り交じった夜

さて、入社1年目の最後に迎えた愛知県大会。そこで初先発した僕でしたが実はいきなり完投できたんです。これが僕にとって公式戦初登板初先発。「プロ入り」という大目標を抱いていた僕も、社会人1年目はその日その日が行き当たりばったりでした。それまで登板機会が与えられなくても不満を抱いたわけではありませんし、実際に社会人野球のレベルの高さを感じていたのだと思います。

ただ、たった1試合の完投勝利が僕の社会人野球人生の転機でした。ここから僕に対する扱いが、180度変わったといっても決して大げさではありません。これには僕も面食《めん》らったというか、ビックリしました。

まずトレーナーさんのマッサージが受けられるようになりました。それまでは、入社1年目の選手にマッサージを受ける資格などなく、自分なりに考えながらボールでセルフマッサージをしていました。もちろん社会人野球といってもプロ野球とは違いトレーナーさんもひとりのみ。やはり僕みたいな一兵卒の選手の体のケアに時間をかける余裕なんてありません。ただ、その1試合の完投から「お前なんかできるか！」が「待ってて」に変化したんです。

僕がチームの戦力として認められた瞬間だったと思います。時間にして20～30分なんですが、マッサージというか肩肘を含めて体調面のチェックをしっかりしてもらうようになりました。嬉しさと弱肉強食の世界の厳しさが入り交じった夜でした。

知られざる社会人野球のスケジュール

ここで、社会人野球の練習について少し説明したいと思います。社会人野球のシーズンはプロ野球と違って長丁場ではありません。都市対抗と日本選手権——これこそが照準を定めるべき大切な公式大会で、ここから逆算して2度の強化練習があります。

その期間は練習時間も少し多めにとって強度を上げていくのですが、当時のトヨタ自動車野球部の全体練習は基本的に午後1時半からスタートします。そこから僕は投手なのでキャッチボール、ピッチング、ランニング……決められたことをするうちに練習が終わり、「2時間でも長いかな」という感じで3時半前には終わっている時がほとんどでした。それ以降は自主練習。個人に任される部分も多く、自主練習で走り直したり、シャドウピッチングをしたり、個人の課題と向き合う時間にあてられます。

オフシーズンは週2回のキャッチボールをボールの感触を忘れない程度やるだけであとは体力強化中心の練習です。

のちに僕はコントロールで生きる投手になっていくわけですが、**この時はコントロールの「コ」の字も意識していません。**頭にあったのは「速い球を投げたい」の一心のみ。投手は誰しも速いボールを投げたいんです。

「今日は何キロ出ていたんだろう」

トヨタ自動車時代も試合で最初にチェックしていたのは球速。そこを追い求めていたといっても過言ではありませんでした。

ドラフト1位を目指して迎えた社会人2年目

プロ入りを意識するうえで、トヨタ自動車にはチームを2年連続で都市対抗野球に導いた川岸強さんという素晴らしいお手本がいました。

ドラフトで指名されるためには何が必要で、どこを強化するべきなのか。川岸さんの一挙手一投足を目の当たりにすることでわかってくるというか、自分の能力をどう披露していくべきか、プロへ進むための道筋がうっすら見えてきました。

社会人野球にとって、プロのスカウトも集結する都市対抗はやはり「見本市」なのです。トヨタ自動車として出場するという大目標はもちろん、そこで自分という「商品」をどうプレゼンしていくべきか――そんなことも学べました。

ネット裏のスカウトの皆さんを過剰に意識することはありませんでしたが、「2年目から活躍しないとドラフトにはかからない」という気持ちがあったのは事実です。自分のコンディションを都市対抗でいかにピークに持っていくか。いざ都市対抗に出場した2年目。チームは2回戦で負けたのですが、僕自身はいい投球ができました。そのおかげで大多数の球団のスカウトの方に注目していただけたのです。

ちなみに、社会人ナンバーワンの評価をもらいながら、**見向きもされなかったのが読売ジャイアンツです（笑）**。おばあちゃんから巨人ファンで「ジャイアンツが来てへんやん」と言われたことを今も鮮明に覚えていますが、それもいい思い出です。

肘の故障により「ドラフト1位確実」の下馬評は幻に

それだけ注目が高まる中、「プロにドラフト1位で行ける」という手応えも青写真もほぼできつつありました。ただ好事魔多しというべきでしょうか。2年目の10月に故障し、右肘の手術を余儀なくされました。神経の移行術というものです。結果、あれだけ評価していただいたスカウトの方々は一斉にいなくなりました。

迎えた3年目。投げられるようになってもネット裏のプロのスカウトの方々の数は戻ってきません。社会人の選手ということもあり、プロ入りする選手はほぼ夏場に方向性が出ます。振り返れば、僕が頭角を現し始めた2年目。その時から熱心に試合を欠かさずに観てくださったのは阪神タイガースでした。当時、注目していただいた池《いけ》之《の》上《うえ》格《とおる》スカウトから「君はどこのファンなんや」と聞かれ、僕は「阪神に行きたいです」とはっきり言ったことを覚えています。

そして進路を決めるべき3年目の秋。当初は「ドラフト1位確実！」といわれた僕の評価はやはり右肘の故障もあって急落したまま。二度と上向くことはありませんでしたし、阪神からは「3位で指名する」と言われました。

実際、1位指名はほぼ無理な状況で、横浜ベイスターズ（現横浜DeNAベイスターズ）が「もしかしたら2位で」と言ってくれましたが、「1位でいきます」と通達してくれていた球団は僕の故障によりことごとく前言撤回。「プロに行きたいというのであれば下位指名で……」という状況に変化したのはたしかです。しかもトヨタ自動車はその年に都市対抗に出られず、僕はヤマハの補強選手として参加しましたが、本来の投球はできず状態も上がってきませんでした。スピードは出ているけど、カンカンと打たれる。投げたボールのように自信も揺らいでいました。

好投手がひしめく中日ドラゴンズだけは嫌……

スカウトたちからの僕の評価が下落したこと、そして当初は最終年と位置づけた社会人3年目で責務といえる都市対抗出場の切符を逃したこと、退任の方向だった当時の廣瀬寛《ひろせかん》監督が続投すること……そんな背景から、僕の心の中では「もう1年、トヨタ自動車に残って恩返しを終えてから、プロの扉を叩く」という思いが日増しに強くなっていきました。

そんな方向で腹も固まった時です。突然、「中日ドラゴンズがドラフト1位で指名する」という話が舞い込んできたのです。

当時（2005年）は大学・社会人ドラフトと高校生ドラフトが分離。中日から「吉見は希望枠で」という条件を提示されました。ただ、実は僕が最初は拒否したんです。それは自分のトヨタ自動車への恩返しや、自身のコンディションのことが頭をよぎったわけではありません。金光大阪高校の時からプロ入りを夢見ていた僕が、社会人へ進んだ際の目標は「3年でレベルを上げてドラフト1位でプロ入り」。この夢を実現できるチャンスがついに訪れたわけです。本来は飛びついて当然でしょうが、その時の僕は少し大人になっていたというべきか、自信を失っていたというべきか、それとも冷静に状況を判断できる目を持っていたというべきか。何より、当時の中日ドラゴンズの投手陣は質量ともに12球団ナンバーワンといっていい面々でした。

「こんなレベルの高い中で僕は生き残っていけないな」

これが夢を実現できる状況にもかかわらず、一度は入団を拒否した理由でした。

川島勝司《かわしまかつじ》総監督の鶴の一声で入団を決意

僕の心はトヨタ自動車に残留で決まっていたにもかかわらず、それを大きく動かす事件……いや、人物が現れました。1996年アトランタ五輪で野球の日本代表監督を務め、当時はトヨタ自動車野球部の総監督だった川島勝司さんです。

川島総監督は「野球は選手がやるもの」が信条の指導者で、日本楽器（現ヤマハ）を率いた1年目の1972年、いきなり都市対抗で優勝を果たすなどアマチュア球界屈指の名将。2021年にアマチュア野球の関係者などを対象とした特別表彰で野球殿堂入りもされている、まさに雲の上の、そのまた上のような方です。僕がトヨタ自動車に1年間は残留する旨を伝えると、川島総監督は静かに口を開きました。

「1位で断るということは、トヨタ自動車の看板を汚すことになる。だから1位という最高評価なんだからプロに行きなさい」

まさに鶴の一声。ここまで言われて僕の中にそれでも拒否するという選択肢はもうありませんでした。

「もう行くしかない……」

川島総監督にそう言われた数日後には、中日ドラゴンズを逆指名することになりました。トヨタ自動車に1年の残留を決めていた僕にとって、そのお膝元の中日ドラゴンズ入りは名誉なことといえまさに青天《せいてん》の霹靂《へきれき》。金光大阪時代に米村スカウトに興味を持っていただいたとはいえ、病み上がりの自分を希望枠で取ってもらうことは想像だにありませんでした。

お話ししたように、投手陣のレベルの高さゆえに先行きの不安が脳裏にこびりついていたためか、球団との金銭的な交渉や話し合いなど細かい状況を実はあまり覚えていないんです。覚えているのは背番号「19」を提示されたことくらい。憧れ続けたプロの世界に僕はこうして飛び込んでいきました。

落合監督から直接聞いた1位指名の理由

少し話を先に飛ばしましょう。それはプロ3年目の2008年のこと。西武ドーム（現メットライフドーム）のトレーナールームだったと記憶していますが、落合博満《ひろみつ》監督から呼ばれてこう言われました。

「おい吉見、なんでお前をドラフト1位で獲ったか知ってるか？」

プロの世界でようやく自分の立ち位置を見つけかけていた時期。当時の記憶を懸命に掘り起こそうとしましたが僕は素直に「わからないです」と答え、落合監督の言葉の続きを待ちました。すると静かにこう口を開いたのです。

「ケガしてただろ？　あの時、即戦力は狙っていなかったんだ。主力投手は揃っていたからな。そこで数年後に川上（憲伸）あたりの力が落ちてきた時に頭角を現す投手を獲ろうとなった。それで米村が1位で獲ろうと言ってきたのがお前なんだ」

スカウト会議では誰を希望枠で獲得するかで紛糾し、ケンケンガクガクの議論が続いたそうです。そして落合監督がその場でこう切り出したようなのです。

「来年、こいつ（吉見）はケガが治ったら間違いなく1位なのか？」

この質問にその場にいたスカウト陣が「間違いなく争奪戦になる」と発言し、それを聞いた落合監督は**「それなら今のうちに獲っておけ」**と、先物買いで吉見一起の希望枠での獲得を決めたそうです。

ドラフトの経緯を僕に教えてくれた落合監督はさらにこう言葉を続けました。

「アマチュアでリハビリするのかプロの世界でリハビリするのかは違うだろ？　お前を獲った理由はこれだよ」

ドラフト直前に舞い込んだまさに寝耳に水だった中日ドラゴンズの獲得表明。僕の頭にいくつもの「？」マークが残っていたのですが、その謎がようやく解けた瞬間でした。縁というのは不思議なものです。あのドラフトのまえにトヨタ自動車1年残留を決めたつもりが、僕は中日ドラゴンズに導かれるように入団したのです。

純粋に野球を楽しんでいた少年は
高校の野球部に入部すると、
予期せぬ嫌がらせに直面するようになる。
それを跳ね返したのは、
「もっといい投手になりたい」という思いだった。

【第2章】

野球大好き少年がプロ野球を目指すまで

純粋に野球を楽しみたかった少年時代

第2章では、僕の少年時代の話をくわしく書いていきたいと思います。

吉見家は僕が長男で、3つ下に妹、5つ下に双子の弟がいる4人兄弟です。父親はJR西日本に勤務するごく普通のサラリーマンでした。僕が野球を始めるきっかけは母親の弟、つまり叔父《おじ》の影響だったと思います。叔父は母親とずいぶんと年齢が離れていて、僕のちょうど10歳上になります。幼稚園の頃から母親の実家がある福井県に何度か行く機会があったのですが、その叔父が野球をしていて僕をキャッチボールに誘ってくれたのです。それがボールというものを握った初めての体験でした。

その後、父親の転勤により、小学校2年生の時に京都府福知山市から大阪府吹田市の社宅に引っ越しました。そこには近所の子どもを対象にした野球チームがあり、小学校4年生から入れるルール。僕は仕方なく2年が経つのを待つつもりでしたが、思いがけず野球を思う存分する機会ができたのです。

ある日のことです。クラスで仲が良かった友達が少年野球をしている姿を偶然、遊んだ帰り道に見かけたのです。「僕もここでやりたい」。直感に委ねて、小学校2年生の秋にその少年野球チームに入りました。小学校5年生まではエースというポジション。ただ6年生になった時にこのエースの座を奪われます。投げる、打つ、走る、守る……ライバルはすべてにおいて上で、僕はいつしかショートを守ることが増えました。たまにマウンドに立つ機会こそありましたが、一番手という位置ではありませんでした。そんな意味では、本当にどこにでもいる普通の野球少年ですよね。

中学校に進んだ僕はリトルやシニア、ボーイズではなく、吹田市立片山中学校の野球部に所属しました。つまり部活動です。少年野球チームのひとつ上の先輩が摂津《せっつ》シニアに進んだこともあり、「僕も中学生からは硬式球で野球を」と思っていたのはたしかです。ただ、中学進学をまえにしたある日、硬式球を扱うボーイズリーグの練習を見学したんですが、「思ったより楽しくないな」と僕は率直にそう感じてしまったのです。僕が所属していた少年野球チームも練習は厳しかったと思いますが、ただそれだけではない〝違和感〟を子どもながらに感じたのでしょう。

と同時に、少年野球チームのメンバーたちもシニアやボーイズに進むより、中学校の野球部に入る面々ばかり。仲間意識も強く感じていただけに、僕も硬式球を使うのではなく、部活動の軟式を扱う片山中学校野球部を選んだわけです。

プロ野球選手となった僕が言うのも変ですが、ウソでもなんでもなく、正直、この時の僕は「野球を生業《なりわい》にしよう」、「野球に人生を賭けよう」なんて微塵も思っていません。プロ野球選手になりたいなぁ……というぼんやりした夢は描いていたとはいえ、成長していけば子どもなりに現実を見始めます。実際に小学校6年生の時にはエースの座を奪われたように、周りには僕より上手い選手がいましたからね。僕は本当に野球のエリートとはかけ離れたところにいたと思います。中学校の部活動として野球を続け、いざ中学3年生となり、高校進学を意識する際になっても甲子園の「こ」の字すら脳裏をよぎりませんでした。夢のまた夢のその先……といったほうが正しいでしょうか。

上級生の嫌がらせに勝《まさ》った「いい投手になりたい」という思い

僕は4人兄弟の長男なので、家庭の事情から私学ではなく公立に進むことが念頭にありました。そこで公立高校でも野球がそこそこ強いとある高校を志望校にリストアップしたのですが、僕の学力では少し足りないというのが先生の見解でした。目標を少し落とし違う公立校に変更しようとしましたが、今度はその学校には野球部がありません。さらに目標を落として野球部のある公立校を検討しましたが、今度はかなり学力が落ちることもあり、どうも決断に至りません。そんな時でした。**中学校側から「金光大阪高から入学の誘いが来ているよ」という報告を受けました**。僕は野球を続けるつもりでいたので、金光大阪高校の野球部の練習を体験。いい雰囲気を肌で感じ取った僕は、そこに進学したい気持ちがすぐに固まりました。

後日、聞いた話ですが、「片山中学校にいい投手がいるよ」という話が風の便りで金光大阪高に伝わっていたとのことです。ただ、入学は推薦というだけで授業料が免除される特待生ではありません。両親に相談とお願いをして、晴れてその門を叩くことができました。両親には今でも感謝の気持ちでいっぱいです。

野球部に入部すると、1年生の僕は上級生の練習姿を目の当たりにします。正直、3年生は体が大きいなとは思いましたが、少し生意気な言い方をするなら「それほど驚く必要はないな」というのが僕の感想でした。

当時の金光大阪高は、すぐ甲子園に手が届くという超強豪校ではありません。大阪桐蔭や履正社《りせいしゃ》（高等学校）など名門校がしのぎを削る大阪府にあって、野球だけを見ると、全体的にレベルが高いという存在ではなかったと思います。

そんな金光大阪高の野球部に入部してからまもなく、予期せぬ「事件」も起こりました。1年生にはもちろん雑用があります。ただ、僕はなぜか3年生のエースだった辻原司《つじはらつかさ》さんに可愛がっていただき、雑用が免除され、土日の練習試合の2試合目には登板しないエースに伴走《ばんそう》する形で外野を走っていたんです。

「おい吉見、いくぞ」。こう呼ばれて、時には1時間半近くかけて遠くの神社まで、また時には試合開始から試合終盤まで、僕は辻原さんの練習パートナーとして短いダッシュから長距離まで徹底的に走り込んだのです。

おそらくこれで下半身がかなり強化されたのでしょう。伸び盛りだった1年生の僕の球速は、「見違えるほど」という表現がぴったりなほどアップ。もうキャッチボールから感覚が違います。その成果もあり3年生にとって最後の夏の大会で、投手4人枠の1枠として1年生の僕がベンチ入りを果たしたのです。エースの辻原さんを筆頭に控えの3年生投手2人と1年生の僕という内訳でしたが、これで面白くなかったのが投手の枠に1人もいなかった2年生です。

「この虫を食えよ」「これ舐めろ」

僕に対してこんな理不尽ないじめにも似た嫌がらせが始まったのです。僕は何もこんな仕打ちを我慢して野球を続けるほど、先を見据えていたわけではありません。「もう野球部を辞めます」と告げて1週間は練習を休みました。その後、横井《よこい》一裕《かずひろ》監督を含む周囲の説得から練習に復帰。野球を続けるという選択をしました。

実際のところ、周りの説得に納得したというよりも、自分が投手として成長の過程にあったので、理不尽なことに屈するより、**「もっと速い球を投げたい」**、**「もっといい投手になりたい」**という意識のほうが勝ったのです。

のちにドラゴンズで同僚となる野《の》本《もと》圭《けい》との対戦

そもそも、なぜ辻原さんが僕を練習パートナーに選んでくれたのかわかりませんが、本当に感謝しかありません。1年生の時に最速125キロだった球速は秋には138キロを計測。エリートとはいえない僕にとっては、この急激な球速アップは自分でも「ウソだろ」と疑うほどの進化でした。入学して半年でここまで球速が伸びるとは夢にも思っていませんでしたし、3年生が引退したあとの1年生の秋にはエースとしてチームの中心選手になることができました。

ただこの時点でも甲子園は夢のまた夢の世界。2年生に進級後、ひとつ上の先輩が夏の地方大会で敗れ、僕らの学年が夏から新チームを結成しましたが、時には1イニングで3～4つの失策を犯すレベルで、強豪ひしめく大阪府を勝ち抜けるとは到底思えませんでした。手前みそになりますが、当時は僕のワンマンチーム。それほど破壊力のある攻撃陣でもないので、僕が打たれたら勝機は見出せないという状況でした。

金光大阪では、新チームが結成されると、夏休みに岡山まで練習試合に行くのが恒例行事でした。そこで関西《かんぜい》高等学校、岡山南高校、岡山理科大学附属高等学校といった強豪と練習試合をこなしていくのです。そこで対戦した岡山南高には、**のちにドラゴンズの同僚となる野本圭がいました**。

野本はその岡山南高校から駒澤《こまざわ》大学へ進学。さらには日本通運を経て、2008年のドラフトでは東北楽天ゴールデンイーグルスと中日ドラゴンズから1位で競合指名を受け、抽選の末に中日に入団した僕の同級生です。「すごい打者だなあ……」。当時からその才能を感じていた僕は、のちにプロで、しかも中日ドラゴンズで野本と再会した時に、金光大阪高校の岡山遠征を思い出さずにはいられませんでした。

モチベーションアップでまさかの甲子園出場を決める

話を金光大阪時代に戻しましょう。その岡山遠征では試合をすればやはりボロ負けの状態。弱すぎてチームは崩壊寸前でした。そんな最悪の状態のまま、秋季近畿地区高等学校野球大会の大阪府予選が開幕。初戦こそ1-0で勝ちましたが、ピンチの連続でまさしく薄氷の勝利でした。でも「勝利は何よりの良薬」とはこのことなんでしょう。ここからチームが結束し、あれよ、あれよという間に接戦を制して勝ち進んでいきます。ベスト16で関西創価《かんさいそうか》高等学校と対戦した時には、たしか誤審で白星が転がり込みました。神がかった勝利の連続に、強豪・大阪桐蔭が姿を消す幸運も重なり、大阪府予選でなんと優勝を果たしました。そして迎えたのが近畿大会です。

甲子園のセンバツ大会の特徴は、夏の甲子園が各都道府県予選の優勝校が代表になるのと異なり、有識者で構成する選考委員会が総合的に実力を吟味して選ぶ点です。主催者の日本高野連（公益財団法人日本高等学校野球連盟）の選考基準によると、その基準は「前年の夏の甲子園以降11月30日までの試合実績を勘案するが、勝敗のみにはこだわらない」、「秋の地区大会はひとつの参考であってセンバツの予選ではない」、「推薦された候補校の中から地域的な面も加味して選考する」などの旨となっています。

当時、近畿エリアは減枠こそされていましたが、近畿大会の準決勝で勝てば……つまり、決勝まで駒を進めれば、「試合実績を勘案する」を満たし、文句なしで事実上の当確ランプが点灯する仕組みでした。

もちろん、近畿大会に出場しただけでは、まだ甲子園を意識などできません。迎えた初戦は育英《いくえい》高等学校（兵庫県）戦。ここでもミラクルというべき快進撃が続きます。この試合でも失策は4個を数えるなど途中まで0-4で負けている展開でしたが、なんとか粘って延長戦まで持ち込み最後は勝ち越しホームランで辛勝。そこから準決勝まで駒を進めて迎えたのが〝あの〟智辯《ちべん》学園（和歌山高等学校）戦です。

正直、〝超〟強豪相手に勝てるとは思っていませんでしたし、戦うまえから「負け」という言葉が脳裏をよぎっていたのは否めません。ただ、この時に僕のモチベーションがグッと上がる出来事がありました。

甲子園が懸かった一戦ということもあったのかもしれません。横井一裕監督が試合前にナインをこう鼓舞《こぶ》しました。

「この試合に勝ったら、お前らすごいって言ったるわ」

結果は6-3の勝利！　僕たちは試合前に闘争心をかき立てられ、「すごいって言わせたる‼」と気合がグッと入ったのです。**僕はモチベーションを上げさせてくれる指導者が嫌いではありません。というか好きです。**この思考回路は社会人のトヨタ自動車、中日ドラゴンズに入ってからも同じでした。近畿大会の決勝こそ報徳《ほうとく》学園高等学校に3-5で敗れたものの、見事、選抜大会への初出場を決めたのです。ただ、本当に甲子園の切符を手に入れても「まさか……」という思いが心を支配していたのはたしかで、自信を持って甲子園に乗り込むという雰囲気がチームにはありませんでした。

悔いが残った甲子園の敗戦からのリスタート

そんな弱気の心理状態ではやはりあの甲子園では勝ち抜いていけないのでしょう。抽選で決まった初戦の対戦相手は、なんと明徳義塾高等学校（高知県）です。言わずと知れた甲子園の常連校で、名将・馬淵《まぶち》史郎《しろう》監督率いるチームは毎年のように優勝候補にも挙げられる雲の上の存在。対戦まえに映像をチェックしましたが、もうその時点で受けに入ってしまいました。

「なんだこのチームは……こんな相手となんで対戦しなきゃいけないんだ」

映像から受けたのは、歯が立たないだろうという印象。レベルの違いを感じ取ってしまい、一気にテンションが下がったのは事実です。しかも、僕の調子そのものも、甲子園行きの切符を確定させた秋季近畿地区高等学校野球大会がピーク。少しずつ下降気味であることも感じていただけに、余計に気後れしてしまいました。しかも曲がりなりにも自分たちは大阪府代表。それもあって「恥ずかしい」という思いが先に立ってしまったのです。今、思い返すと本当に後悔する瞬間です。

「なんで最初から受けに回ってしまったんだろう」、「なんでせっかくの舞台をもっと楽しまなかったのだろう」、「なんでもっと前向きに戦えなかったのだろう」。そんな思いが今でも頭の中をグルグルと巡ります。結果は推《お》して知るべし。7失点で完敗しました。その時の明徳義塾には、**2002年ドラフトで中日ドラゴンズから1巡目指名されて入団した森岡良介**（現東京ヤクルトスワローズ内野守備走塁コーチ）**がいました**。立浪和義さんの後継者として大いに期待されての入団でした。ただ、僕にとっては森岡の存在が強くインパクトされたというより、明徳義塾には彼と同等の力を持った選手がゴロゴロいたという印象のほうが強いです。

ちなみに3年の夏、金光大阪高校は第84回全国高等学校野球選手権大阪府予選の4回戦で敗退。一方、高知県予選大会を勝ち抜きしっかり甲子園の切符をつかんだ明徳義塾は、堂々の初優勝を飾り深紅の大優勝旗を手にしたのです。

僕なりに全身全霊を込めた金光大阪高での野球部の活動は、3年夏の予選敗退と同時に終了。高校生活で唯一、甲子園のマウンドに立つことができたセンバツ大会の明徳義塾戦こそ後悔の念にかられますが、やはり僕の野球人生はめちゃくちゃ運に恵まれたという思いは強いです。投手として突出した力があったわけでもなく、エリートとはほど遠い場所にいたわけですからね。

こうして、高校3年の夏が終わりを告げると同時に、「遊びたいなぁ」と僕もほかの野球部員と同じことを思いました。ただ、実際には進路を決めなくてはならないという焦燥《しょうそう》感もあり、それほど羽を伸ばせたわけではありません。こうして、僕は進路先の候補だった大学やトヨタ自動車の練習に参加し始めたのです。

「プロに行く」という夢を叶えて、
中日ドラゴンズに入団を果たすも、
そこに待ち構えていたのは、
球史に名を刻む名投手たちという、
想像どおりの「絶望の世界」だった。

【第3章】

中日ドラゴンズ〝エース〟の系譜

ドラゴンズ投手陣という想像どおりの絶望の世界

さて、この章では中日ドラゴンズに入団した際のエピソードと、いかに当時の中日ドラゴンズの投手陣がすごかったか、そして受け継がれる〝竜のエースの系譜〟、さらには僕が考える「エース論」を余すことなく綴っていきたいと思います。

さて「ドラフト1位」の目標を達成しプロの扉を叩いたとはいえ、やはりというべきでしょう。僕の想像どおり中日ドラゴンズ投手陣のレベルは高すぎました。

「えらいとこに来てしまった……」

2006年1月の合同自主トレに参加した僕が抱いた正直な感想です。エースの川上憲伸さんを筆頭に、中田賢一《なかたけんいち》さん、朝倉健太《あさくらけんた》さん、すでに大ベテランだった山本昌さん、救援陣は岩瀬仁紀《いわせひとき》さんを筆頭に、平井正史《ひらいまさふみ》さん、久本祐一《ひさもとゆういち》さん、落合英二《おちあいえいじ》さん、岡本真也《おかもとしんや》さん、高橋聡文《たかはしあきふみ》さん……今振り返ってもとんでもない豪華な顔ぶれです。実績はいうまでもなく、技術的にも優れ、150キロ超えの速球を投げる投手が名を連ねていました。正直、生き残る自信は木っ端《こっぱ》みじんに砕かれました。

「3年で終わりかな」
「ミスった。なんでドラゴンズにしてしまったのか」

これが大げさでもなんでもなく、当時の僕の偽らざる本音です。術後の右肘の状態もまだ復調とはいかず、僕は当然のごとくキャンプは2軍スタート。不安だらけでプロのユニホームに袖を通し、その不安どおりに中日ドラゴンズ投手陣の層の厚さを目の当たりにし、かすかな希望の光すら見出せないまま2軍の読谷《よみたん》キャンプで練習に励んだ日々を思い出します。

そんな中、肘が決して万全とはいえなかったので自信にはほど遠いですが、かすかな「手応え」と言うべきでしょうか。この世界で少しはやっていけるのでは……と感じられたのは新人イヤーの終盤になってからです。

9月に1軍昇格を果たすと、広島東洋カープ戦で初登板。さらに9月18日の横浜DeNAベイスターズ戦でプロ初先発を果たすと、幸いにも5イニング2失点でプロ初勝利を挙げることができました。日本シリーズでも中継ぎでの登板を経験するなど、わずかな光明がさしたのです。

ドミニカ共和国の武者修行でつけた自信

ただ、プロ2年目は決して順風満帆とはいかず、このシーズンはわずか5試合の登板（先発は4試合）で、投球回数はわずか14回と3分の2。成績は0勝1敗、防御率7・36とルーキーイヤーでつかみかけたかすかな手応えも吹っ飛びました。

そんな僕が息を吹き返すきっかけになったのがドミニカ共和国への武者修行です。いわゆる「ウインターリーグ」で、当時の森繁和《もりしげかず》ヘッドコーチのコーディネートで赴いたのですが、現地出身のメジャーリーガーも自身の調整や母国への貢献のために参加するハイレベルなリーグで、ここでの修業はのちの大きな糧《かて》となりました。

そこでは今でも忘れられない邂逅《かいこう》がありました。

僕が所属したのは『エストレージャス・オリエンタレス』というチーム。そこには、そのシーズンはメジャーではプレーせず、08年からニューヨーク・メッツでメジャー復帰を果たすフェルナンド・タティスがいたんです。メジャー通の方ならご存じだと思いますが、あのタティスJr.遊撃手のお父さんです。タティスJr.は次世代のスーパースターとの呼び声が高い選手で、ダルビッシュ有《ゆう》投手と同僚（サンディエゴ・パドレス所属）ということもあり、日本でも人気です。

お父さんは、あのマーク・マグワイアと同僚だったカージナルス時代には34本塁打をマークし、第2回WBC（ワールド・ベースボール・クラシック）ではドミニカ共和国代表のメンバーとして活躍するなど、まさに地元のスーパースターです。

そんなタティスは僕が投げた試合では三塁を守っていました。今思えば、現地の堅いマウンドやメジャー仕様の球がいい影響を与えたのかもしれませんが、僕の球速は93マイル（約149キロ）を計測。その際にタティスに言われた**「このボールを投げられたら日本で勝てるよ」**というひとことは今も脳裏に強く焼きついています。

ようやく歯車が噛み合いだした3年目

投手に限らずプロ野球選手が「覚醒《かくせい》」するきっかけというのは、どこに落ちているかわかりません。僕にとっては、このタティスに言われたたったひとことが大きな自信になったのです。ドミニカ共和国での修業は本当に大きな収穫でした。僕からすれば相手打者が全員外国人。そんな環境で投げることは日本ではありえませんし、この経験はその後の野球人生にとても役立ちました。

プライベートでは、トヨタ自動車時代から交際していた妻とも結婚。結果、自覚というものも自然と芽生えていたのかもしれません。武者修行からの帰国後、ボールの質が自分でもわかるようにグッと上がりました。

満を持して迎えたプロ3年目となる2008年シーズン。当時は先発ローテーションの一角だったドミンゴ・グスマンが退団したことで、枠がひとつ空いたことも僕にとっては追い風となりました。そうです、キャンプ、オープン戦からその枠を巡るローテ争いが勃《ぼっ》発《ぱっ》したのです。僕はオープン戦3試合で15イニングを無失点に抑え、初の開幕1軍入りこそ手にしましたが、先発ローテ入りはできませんでした。それだけ中日ドラゴンズの投手陣の層が厚かった証拠です。

さいわいにも、ローテの谷間だった4月6日のヤクルトスワローズ戦でプロ初完投と初完封勝利を同時に達成。開幕からの連続無失点イニングを24回3分の2まで伸ばして、なんとそこから8連勝を飾ることができました。

結果的にはシーズン中の故障があり、初の球宴出場のチャンスを逃すことになるなど一時離脱もありましたが、夏場に再びローテに戻って二桁勝利も達成。あのドミニカ共和国でつけた自信を胸に文字どおり飛躍のシーズンとなりました。

エースのオーラを身にまとっていた川上憲伸さん

僕が中日ドラゴンズに入団した際のエースといえば、もちろん川上憲伸さんです。明治大学時代には同い年で慶應義塾大学の高橋由伸《たかはしよしのぶ》さん（のちに読売ジャイアンツに入団）と東京六大学野球の舞台でしのぎを削り、星野仙一《ほしのせんいち》政権時代の1997年にドラフト1位でチームに入団。「即戦力」という期待に応えてルーキーイヤーから14勝を挙げ、高橋さんらとの超ハイレベルな争いを制してセ・リーグ新人王に輝きました。

その後はケガもありましたが、2004年には17勝を挙げ最多勝を獲得します。強烈なカットボールを武器に、落合博満政権下ではエースの座を不動のものとし、僕がルーキーイヤーだった06年にも17勝で再び最多勝を獲得。2009年には大リーグの名門であるアトランタ・ブレーブスに移籍を果たすなど、まさしく投手王国・中日ドラゴンズの象徴的な右腕です。

とにかく、**川上さんのまとっていたオーラというか立ち振る舞いはほかの先輩方とは全然違いました**。言葉にするのが難しいのですが、同じ球速のボールを投げる投手はほかにもいるのですが「何か」が違うのです。〝エース〟という自負がそうさせるのか。自信満々で投げている感じなんです。

「きっと投げたら抑えるんだろうな。エースというのはこういう感覚を抱かせるものなんだろうな」

僕が川上さんを観察しながら抱いた感想です。おそらく僕だけではなく投手陣の誰もがそう感じていたのだと思います。

お世辞でもなんでもなく、川上さん以上の人は見たことがありません。川上さんがメジャーから中日に復帰後、右肩の故障で思うように投げられない姿を見ても、最初に抱いた思いは引退するまでまったく変わりませんでした。

今や中日ドラゴンズ、いやセ・リーグでも押しも押されもせぬ左腕に成長した大野雄大《おおのゆうだい》ですが、僕は彼がチームを引っ張っている存在でもあると思うし、成績的にも〝エース〟であると公《おおやけ》に言っています。でも正直、まだまだ川上さんの足元にも及ばないと感じてもいて、それは裏を返せば、川上さんから学んでほしいことがたくさんあるんです。

少し話は脱線しますが、**その川上さんに迫る存在になるだろうと思ったのが、チェン・ウェイン**（現阪神タイガース）です。独特のオーラとそのボールの威力は故障明けとは思えないほどで度肝を抜かれました。チェンもまた、落合政権の黄金時代を支えたのち、大リーグのボルチモア・オリオールズに移籍して活躍。２０１６年にはマイアミ・マーリンズと5年総額８０００万ドルという超大型契約を結ぶのですから、僕の見立ては正しかったかもしれません。

緊張して川上さんと言葉なんて交わせない

さて、川上さんの本質は――少々、失礼な表現になるかもしれませんが、**現在、放送席でユーモアを交えて解説する姿や、YouTubeでしっかり笑いを取る姿と実はまったく変わりません**。ただ、現役時代は僕にとって怖い存在のひとり。川上さんが大リーグのアトランタ・ブレーブスに移籍する前年の２００８年。僕は本拠地ナゴヤドーム（現バンテリンドーム ナゴヤ）の選手ロッカーが川上さんの隣でした。

「何か学ぶことはないのか……」

常に「何か吸収できることはないのか」とアンテナを張る癖はありましたが、とにかく川上さんは先発の日、怖くて近寄れないオーラを放っていました。登板日だけは試合前から闘争心むき出しというか、鬼の形相《ぎょうそう》というべきでしょうか。ただ登板を終えると、ケロッとしてざっくばらんなあの川上さんに戻るのです。

食事に連れていってもらうこともありましたが、緊張でろくに会話もできません。本当の意味で意見交換ができるようになったのは、川上さんがユニホームを脱いでからです。この本でも対談させていただきましたが、現役時代を思い返すと、なんだか不思議な感じでした。

僕もチームの柱といわれるようになってからは、常に見られていることを意識した言動に努めましたが、川上さんもまったく同じでした。負けた時は気持ち的に落ちているかもしれないけれど、決して下を向いている姿は見せません。おそらく練習も人が見ていないところでやっていたのだろうと今でも思っています。

そんな川上さんで印象的だったのは、**キャッチボールを誰よりも神経を使って大切にしていたことです**。僕が見ている限り、とにかく無駄にしている球は1球たりともありませんでした。ああでもない、こうでもない……そう考えながら、まるで少年のようにずっとキャッチボールを繰り返す姿が印象的でした。

守護神の岩瀬さんに言われた忘れられないひとこと

その川上さんと公私ともに仲が良く、僕にとっては頼れる守護神だったのが、岩瀬仁紀さんです。岩瀬さんを知らないプロ野球ファンはいないと思いますが、前人未踏ともいえる数字を次々と打ち立てた鉄腕左腕です。

愛知大学からＮＴＴ東海を経て１９９８年に逆指名（２位）で中日ドラゴンズに入団すると、ルーキーイヤーの99年に中継ぎとしていきなり65試合に登板。読売ジャイアンツの上原浩治《うえはらこうじ》さんが20勝したため新人王こそ逃しましたが、いきなり存在感を発揮したのです。

ここからまさに記録ラッシュのスタート。50試合連続登板が15年連続、抑えに転向したあとは30セーブが9年連続。さらにＮＰＢ記録の最多登板数は１００２試合、最多セーブ数は４０７を数えます。

その偉大な先輩に言われて今も脳裏に焼き付いている言葉があります。それは僕の公式戦通算登板の２２３試合には含まれていない一戦のことです。

2009年10月23日。チームはレギュラーシーズンを2位で終え、クライマックスシリーズ（CS）第2ステージに駒を進めました。読売ジャイアンツの本拠地・東京ドームに乗り込み、アドバンテージを含め1勝2敗で迎えた第3戦。僕は先発投手として投げ、2点リードの6回2死まで無失点でいきましたが、そこから事態は暗転します。アレックス・ラミレス、亀井善行《かめいよしゆき》さんに連続被弾。結果、6イニング2失点で降板しました。先発投手としての役割を最低限は果たした投球内容でしょう。ただ、僕は亀井さんに打たれた直後、マウンドでしゃがみ込んで打ちひしがれたんです。その姿をおそらくブルペンのモニターで見ていた岩瀬さんに試合後、こう忠告されました。

「感情を表に出すな！　投手にはふたつのパターンがあるだろ？　お前は憲伸じゃない。憲伸は出してもいい、お前は出しちゃいけない。淡々と投げなさい」

岩瀬さんは「川上は闘志を全面に出して感情を表現するタイプ」、「吉見は闘志を内に秘めポーカーフェイスで投げるタイプ」と位置づけていたのでしょう。岩瀬さんも後者のタイプですが、なぜ僕にそうアドバイスをしたのかあらためて聞き直したことはありません。ひょっとしたら、僕のことを自分と似た部分があると感じていたのかもしれません。もちろん、時として感情が表に出てしまうこともありましたが、現役時代は極力、岩瀬さんの言葉を胸に刻みマウンドにいたことはたしかです。

同級生の浅尾拓也《あさおたくや》はライバルではなかった

その岩瀬さんと同様、僕にとって浅尾拓也は心から頼れる男でした。

その浅尾は僕よりも1年遅く、2006年のドラフト3位で中日ドラゴンズに入団します。西武ライオンズや東京ヤクルトスワローズも浅尾に興味を抱いていたようですが、愛知県出身ということで地元意識も強く、願いどおりに地元の中日ドラゴンズのユニホームに袖を通しました。

1年目こそ19試合の登板でしたが（この数字も立派です）、2年目は44試合に登板。3年目からは勝ちパターンの展開では欠かせない投手に成長を遂げていきます。

2010年にはNPB記録となる47ホールドを記録。2011年にはなんと79試合に登板し、7勝2敗10セーブ45ホールドに防御率0・41という、脅威的な数字を残して、NPB史上初めて中継ぎ投手としてシーズンの最優秀選手を獲得しました。

僕にとって同級生で仲間意識も強かった浅尾は、決して大げさではなく今でも尊敬している存在です。その男が現役引退後に**「吉見に負けたくない。ずっとライバルだと思っていた」**とメディアで発言したのを聞いて「マジで⁉」と本気で驚いたものです。それぐらい僕にはライバル心を燃やす意識は皆無。ただ、いつからかははっきり覚えていませんが、お互い年を重ねてからでしょうね。浅尾から来る年賀状には毎年必ず同じ言葉が綴られていました。

「吉見が頑張ってくれてるから、オレも頑張れる」

新年に浅尾の直筆の言葉を見て自分を奮い立たせていたのはたしかです。それにしても、自分のケツを拭《ぬぐ》ってもらった意識が本当に強いんです。もちろん先発の軸として、基本的には完投を意識してマウンドに上がります。ただ、そう毎回、毎回、狙いどおりに完封や完投ができるわけではありません。浅尾や守護神の岩瀬さんという強力救援陣の存在は先発投手にとっては精神安定剤そのもの。セ・リーグの場合は投手が打席に立つため、試合展開を見ながら「次の打席で代打だろうから、このイニングを全力でいこう」という逆算が成り立つのです。

後ろが見えていることは、先発投手にとって心身ともに非常に楽な状況。その意味でも浅尾の存在は心強い限りでした。

これは僕に限らないことだと思いますが、先発投手はマウンドを下りてからが気がかりなものです。本拠地のナゴヤドームであれば9回の表が本当に嫌でした。「打たれるんじゃないか……」。そんな不安を抱えながら戦況を見守るのは本当に生きた心地がしません。ただ不思議と浅尾にはその不安な予感を抱いたことはありません。

「絶対に抑えてくれる」

そんな揺るぎない確信を抱いていました。２０１１年は僕もＭＶＰ候補になりましたが、浅尾がＭＶＰに選ばれたことになんら異論もなく誇らしく感じていました。

自分のシーズン20勝なんてどうでもいい

その２０１１年シーズン。僕は26試合に登板して18勝３敗、防御率１・65で最多勝、最高勝率、最優秀防御率のタイトルも獲得。最高と思えるシーズンを過ごしましたが、のちに浅尾が**「このシーズン、吉見は20勝できた。僕がふたつ消してしまった。申し訳ない」**と話していたんです。

ところが僕にはその記憶がまったくない。おそらく走者を背負ったまま降板して、２度とも浅尾にその尻拭いをさせてしまったのでしょう。走者を残したまま降板というのは先発投手の責任。その後に登板した浅尾が走者を返したとしても、僕は気にするどころか、罪悪感のほうが心を支配していました。

中日ドラゴンズには、長く一線でプロ野球選手を続けてきた先輩投手が多くいます。もちろん、日頃のケアもしっかりしていますが、僕が見る限り、いい意味で「無理をしてでも投げる」という選択肢はなかったように感じました。「今日は抑え不在だからな」。抑えの投手が多くベンチ入りしている状況でも、試合前のミーティングで首脳陣からそう告げられた試合もあります。

もちろん、結果を残してきた選手だけに許される〝特権〟であり、それだけ体を大事にしていたことは間違いありません。それがプロの世界で生きる術《すべ》であり、長寿の秘訣だと思うこともあります。

一方、**その真逆だったのが浅尾です**。無理をして無理をして無理をして……「肩が痛い」と言いながらも痛み止めを飲んで必死に腕を振って投げ続けていました。その代償として、本来よりも短命で選手生活を終えることを余儀なくされました。投手としての生き方はどちらが正解かは正直、今もわかりません。

完璧主義者だった山井大介《やまいだいすけ》さん

僕は現役引退間際には2軍で調整する時間が長くなり、そこで一緒に過ごす時間が多かったのが山井さんです。2001年のドラフトで中日ドラゴンズから6巡目で指名を受け、社会人の河合楽器から入団。山井さんは先輩なので、僕が偉そうに語るのもおこがましいのですが、若い頃からの印象は「完璧主義者」。そして投手としての能力の高さはトップクラスでした。

僕は選手、特に投手を観察するのが昔から習性のようで、よく先輩・後輩に限らずその動作を見ることに執着してしまう部分があります。そこで山井さんに抱いた印象が先の「完璧主義者」だったのです。

とにかく100パーセントの状態でなければ投げないというか、車でいうとアクセルをグッと踏みこまないイメージ。80パーセントの状態で投げられそうに感じても投げない印象でした。プロ意識の塊といえるかもしれません。

ただ、100パーセントの時にはその能力をいかんなく発揮します。野球ファンならご存じだと思いますが、球史に残るのが２００７年に日本ハムと対戦した日本シリーズでしょう。９月に４勝を挙げ月間ＭＶＰを獲得した山井さんは、クライマックスシリーズ第２ステージの第１戦で先発予定も右肩の違和感のため回避。そこから状態を上げ、日本シリーズ第５戦の先発マウンドを託されました。

このマウンドで制球、球威ともに抜群の投球を見せ８回までパーフェクトピッチング。９回は岩瀬さんが三者凡退に仕留め、レギュラーシーズン中を含めて日本球界初の継投による完全試合が成し遂げられました。同時にチームは日本一になりましたが、この継投に関しては落合監督の采配に関して賛否両論が巻き起こったことをよく覚えています。

アクセルを全開にした時の山井さんの偉業はこれで終わりません。完全試合リレーから６年後の２０１３年６月28日の横浜ＤｅＮＡベイスターズ戦（横浜スタジアム）では、ＮＰＢ史上77人目（88度目）のノーヒットノーランも達成しています。僕は経験がないので、投手としてまさに至福の瞬間といえる偉業はうらやましい限りです。そんな山井さんも川上さん同様、キャッチボールを大切にし、そして上手でした。僕らの世界ではよくキャッチボールのことを「ミラー」と呼びます。

「下手な相手とやると下手になる。上手な相手とやると上手になる」

キャッチボールはよくこう表現されていました。具体的に言えば、山井さんは毎球同じフォームで、同じ球の回転で、同じ場所にボールが収まるんです。僕の現役最後のシーズン、必然的にベテラン同士が組むので山井さんがキャッチボールの相手でした。2軍にはこれからの中日ドラゴンズを担う若手がたくさんいましたが、山井さんのキャッチボールからは学ぶ点がたくさんあるので、年齢の垣根を超えてその相手を務めるべきだと強く感じていました。

なぜかほっとけない男、それが大野雄大

2011年。僕の目にこれは「エグい」と感じさせる球を投げる男がいました。それが2010年のドラフト1位指名で佛教《ぶっきょう》大学から中日ドラゴンズに入団してきた大野雄大です。左肩に違和感があり故障を抱えたままのプロ入りは、右肘に違和感があった僕と同じ境遇。しかも同じ京都出身ということで気になる存在ではありました。それ以上に度肝を抜かれたのは、故障を抱えているとはいえ、その潜在能力の高さです。キャッチボールで投げる時のその地肩には目を見張るものがありました。ただ、とにかく制球が悪くてどこ

に球が行くのかわからなかったのです。

この年は、僕とローテの軸としてチームを支えてきたチェン・ウェインがオフにメジャー挑戦のために退団することが内定していました。

「こりゃ将来のチェンになるだろうな」

僕が大野に抱いた印象です。ただ、何せ当時の大野は良く言えばムードメーカーですが悪く言えばお調子者。**糸の切れた凧《たこ》のようにハメを外すとどこまでも放浪してしまう。**投手会が開かれたら朝まで飲んだくれて……というのはザラでした。

「この選手は人生を損するんじゃないかな」

とてつもない能力を秘めながら大野の幼さの抜けないメンタリティーを僕は危惧していました。でもなぜかほっとけない不思議な魅力も持っていたのです。

大野と一緒にチームの弱体化を阻止したい！

当時の落合監督率いる中日ドラゴンズはいわば〝常勝軍団〟。目標のないBクラスなど考えられない状況です。勝てないのではなんのために野球をしているのかわかりません。

僕には、チェンという大きな柱を失い、チームが弱くなっていくのは受け入れられないことでした。そこで僕が期待したのが大野だったのです。

「オレと一緒の空気を吸うか？」

大野がルーキーイヤーを終えた2011年オフ。僕がいつも自主トレを行う福岡の地に初めて彼を連れていきました。実際、足踏みというか伸び悩んでいたのも事実です。のちの2012年は4勝、13年にようやく二桁の10勝を挙げてそこから3年連続二桁勝利をマーク。ようやく大器の片鱗《へんりん》を見せ始めたとはいえ、大野には「貯金のできない投手」というレッテルが貼られていたのも事実でしょう。たしかに貯金という視点から見ると13年は0、14年は2、15年は1。「10勝10敗の投手」とまで揶揄《やゆ》されていました。僕は大野にこう口を酸っぱくして言いました。

「オレがお前のボールを持っていたら15勝5敗やぞ」

僕は本気でこの言葉を投げかけるほど大野の実力を認めていました。ただ、この時、彼の心に響いていたのかはわかりません。貯金のつくれない投手の典型的な特徴は野球の流れがわからないことです。この場面で「なんでそれ？」というポカをする。勝てない投手の典型ですよね。厳しい言い方をすれば「野球偏差値」が低い。ただ、やっていることは勝てない投手の典型なのに、それでも二桁の10勝を挙げるというのは、裏を返せば大野のポテンシャルの高さの証明でもあるんです。

名誉ある沢村賞の受賞だって遅すぎる！

少し辛口の評価になってしまいましたが、今の大野は明らかに変わりましたね。昨年は投手にとって最高の名誉である沢村賞を受賞しました。その際、僕はメディアから「先輩としてどう見ていたのか」という取材を受けたのですが、**「正直、遅すぎます」とはっきり答えました**。

本来なら、読売ジャイアンツの菅野《すがの》智之《ともゆき》のようにプロ入り5年目で取れる実力はあったはずです。おそらく覚醒するまで時間がかかった最大の原因は、懸念していたとおりの大野の「やんちゃな性格」や「自覚の不足」だと思います。０勝で終わった２０１８年ぐらいからですね。大野の人格が変わったなと感じたのは……。それまで責任感のない発言をしたりすることもあったのですが、がらりと言動が変わりました。

僕は後輩の中でも大野と話をする機会が多かったのですが、ここまで時間がかかった理由を彼はこう話していました。

「自分がどれだけ能力が高いのかわかっていなかったです」

おそらく本当の自信を手に入れていなかったのだと思います。マウンドで自分を疑いつつ半信半疑で投げているようでは、やはり勝てるはずがありません。ですが、大野はどこかで本当の自信を手に入れたのでしょう。

それは一昨年のバンテリンドーム ナゴヤでのことです。その日のナイターに向けて、16時までの全体練習を終えたあとも、大野がブルペンでシャドウピッチングをしていたんです。僕からしたら練習嫌いの男が黙々と投げている姿に「どうした、どうした」となりますよね。その時、大野が漏らした言葉は今も忘れません。

「吉見さん、練習したら上手くなるんですね」

だから言ってるだろ！　そんなツッコミを入れたくなる瞬間でした（笑）。「キャッチボールを大事にしろよ」、「1球、1球、フォームを意識して投げろよ」、「どこに投げるか常に考えて投げろよ」……大野にはいろいろなアドバイスをしてきましたが、ようやく響いてきたのでしょうか。今はシーズン中であろうがハメを外して朝まで泥酔するような姿はもうないはず、です。

堂々とエース同士の投げ合いを演じてほしい

中日ドラゴンズには、近代野球となって以降、星野仙一さん、今中慎二さん、山本昌さん、そして川上憲伸さんという偉大なるエースの系譜があります。僕自身はそこまでの強いエースという自負はありませんでしたが、周囲がエースと認めてくれたことで立ち振る舞いや言動は常に注意を払いました。

僕は２０１３年に開幕投手こそ務めましたが、そこから右肘を故障。トミー・ジョン手術を余儀なくされて以降、思うような成績が残せなくなります。結果、チームにエース不在という非常事態を招いてしまいました。投手陣に大黒柱がいないチームはやはり他チームにとって与《くみ》しやすいもの。あれだけ常勝軍団だった中日ドラゴンズは、まさかのＢクラス時代に突入。なんと7年連続Ｂクラスという屈辱を味わいました。

もちろん僕がケガをしなければ一番よかったのですが、**「もう少し早く大野がエースの立ち位置に行ければ状況は変わっていた」**という思いもあります。そうしたら、あらたな竜のエースが登場して、今頃、大野とダブルエースという布陣を組んでいたかもしれません。実際はわかりませんし、もう僕は現役を退いた身ですが、先輩としてその空白の時間をつくってしまったことに今も責任を感じています。大野が伸び悩んだことは、僕にも一因があるのでは、とも感じているからです。

ただ、今は侍ジャパンにも選出される日本球界屈指の左腕。僕は誰よりもやっぱり大野に期待していますし、あとは「継続力」をどこまで持っていけるかだと思います。それに加えて大野は、相手球団のエース――読売ジャイアンツの菅野智之、阪神タイガースの西勇《にしゆう》輝《き》、東京ヤクルトスワローズの小川泰弘《おがわやすひろ》、広島東洋カープの大瀬良大地《おおせらだいち》、横浜ＤｅＮＡベイスターズの今永昇太《いまながしょうた》――もちろん勝ち星は打線の援護の兼ね合いもあるし、水ものではありますが、**彼らと堂々とエース同士の投げ合いを演じる主戦でないといけません**。もちろん首脳陣の考え方もあるとは思いますが、週の頭である火曜日に先発し、相手球団のエースに土をつける快投を願っています。

エース同士の投げ合いはアドレナリン全開！

僕はというと、エースと投げ合う時ほど燃えに燃えていました。読売ジャイアンツなら内海哲也《うつみてつや》さん（現埼玉西武ライオンズ）、広島カープなら〝マエケン〟こと前田健太《まえだけんた》（現ミネソタ・ツインズ）、ヤクルトスワローズなら館山昌平《たてやましょうへい》さん（現東北楽天ゴールデンイーグルス投手コーチ）……このエース同士のマッチアップで投げ勝つことが、チームにとっても僕にとっても非常に大きかったんです。もちろん数字上、1勝は1勝。ただ、この白星が多大な効果をもたらすケースが多々ありました。なんといってもチームに勢いをつけることができるのです。

特にマエケンとの投げ合いはアドレナリンが出まくりました。向こうは甲子園でも注目され知名度は抜群なのに、こっちはいわば叩き上げ。言葉は悪いですけど「マエケンを退治する、負けをつける！」という思考しかありませんでした。そのためにはどうしなきゃいけないのかという逆算をしながら準備に没頭したのです。

とはいえ、おのずとロースコアの展開になるのでいつも苦しい。ただ僕はエース対決の時だけは**「僕が点さえ取られなければ負けない」**という強い意識がありました。

僕ら先発陣は、試合前のミーティングで首脳陣から「しっかりゲームをつくるように」と耳にタコができるほど聞かされます。もちろん、その言葉どおりなのですが、エースとして認めてもらった僕は「試合をつくるだけではダメだ」と常にそして強烈に意識していました。

エース対決はやはり勝たなくちゃいけない――自分に白星がつけば、おのずとチームにも白星がつきます。これこそが100点満点。**そのために最も研ぎ澄ませていたのが「洞察力」です。**

先発で投げていればその試合のヤマ場というのが必ず来るのですが、それをいち早く察知して力の入れ具合をどう調整していくのか。それさえしっかり把握していれば、粘って投げられますし、おのずと活路は見出せるのです。

常に気を付けていた3つのポイント

僕が先発のマウンドに臨む際に常に気を付けていた点が3つあります。

まず1つ目が**「回の先頭打者をしっかり抑える」**こと。これを確実に遂行することで、失点を防ぐ確率をぐんと上げていけます。もちろん、相手打者と18・44メートルの駆け引きを演じている以上、ヒットを打たれ出塁を許してしまうこともあります。その時に慌てるか慌てないかでも大きな違いが出ます。最悪の事態を想定して危機管理ができているかどうかということも大切。「想定内」と位置づけて次の投球に向け思考回路を動かせるかどうかは大きなポイントです。

そして2つ目が**「味方の打線が点を取ってくれたあとを抑える」**こと。試合は生き物です。当たり前のことですが、点が入れば試合の流れが動いていくのです。特に5、6回の中盤あたりで味方が点を取ってくれた展開では、自分の中で「次の相手の攻撃は無失点に抑える」ことを強く意識。流れを引き渡さないことに神経を集中しました。

そして最後の3つ目が**「自分が打席に入った時にリズムを狂わせない」**こと。先発投手の場合は通常、味方の攻撃で1死を取られたあたりから次のイニングに備えてベンチ前でキャッチボールを開始しますが、自分が打席に入るとなると、その一連のルーティーンがいやがうえにも崩れていきます。

時として走者に出てチェンジとなり、ベンチ前のキャッチボールができないままマウンドに向かうケースもあります。はたから見れば普通でしょうが、やはりリズムは狂います。これが歯車がおかしくなる原因にもなりかねないので、どんな大差の展開であろうと、とにかく注意してイニング間の投球練習も慎重に入りました。

若かりし日の僕はスピードを追い求めていた

エースといわれていた時代、制球力が生命線だった僕ですが、何もプロ入り当初からそんな芸当ができたわけではありません。

「投手なら誰しもが速い球を投げて抑えたい」

僕も例に漏れず、常にこの思いが頭にありました。1軍でやっと頭角を現し始めたのが2008年シーズン。トヨタ自動車時代に痛めた右肘もプロ3年目でようやく全開となり、実際にスピードガンでも140キロ台後半を計測していました。このシーズンでは中継ぎも経験しながらプロ初の二桁勝利も経験。プロ野球という弱肉強力の世界で生きていける手応えをつかみかけていましたが、マウンドで投げた際には、実はスコアボードのスピードガンの計測値を真っ先に確認する投手でした。やはり「150キロのスピードボールを投げたい」という強い意識が働いていたのでしょう。

振り返れば、この2008年は本当にたくさんの収穫を得たシーズンでした。当時、ハイレベルの投手陣の中で投げられる喜びが心を支配し、とにかくがむしゃらに腕を振って投げていました。また、当時の交流戦は1チームに対してホームと敵地で各2試合制（通常シーズンは3試合制が基本）で、先発の駒が4人で間に合う状況だったため、僕は正式に中継ぎに配置転換。救援陣の準備の大変さも学べましたし、さまざまな経験を積むことができました。そして、まだ若さゆえに、スピードだけを追い求めていた僕に転機が訪れたのが、翌2009年のシーズンだったのです。

自分だけの完璧なアウトローを追い求めて

プロ4年目の僕は開幕から先発ローテに入り、前半戦だけで二桁の10勝に到達。自分がいい状態であることは自覚できていましたし、いくつ勝ち星を伸ばしていけるのかを楽しみに投げていました。結果的に16勝できたのですが、後半戦は登板のたびに勝ったり負けたりというやや下降気味の状態。そこには前半戦のような勢いはなく、自分が思い描いたように勝ち星が伸びたわけではありません。そんな中で、僕はその原因に徐々に気づき始めます。

それを僕に教えてくれた対戦相手の左打者がいます。大リーグのミルウォーキー・ブルワーズに移籍するまえだった東京ヤクルトスワローズの青木宣親《あおきのりちか》さん、そして〝ガッツ〟の異名を取り北海道日本ハムファイターズから読売ジャイアンツにFA移籍してきた小笠《おがさ》原道大《わらみちひろ》さん、このおふたりです。

青木さんは2005年にプロ2年目にしてシーズン202安打を記録。打率3割4分4厘のハイアベレージで首位打者に輝くと、年々、長打力も身につけセ・リーグを代表する左の好打者としてその地位を不動のものとしていました。

一方の小笠原さんは、強烈なフルスイングで生涯打率3割1分を誇り、通算2120安打、378本塁打、1169打点を記録。当時はジャイアンツ不動の3番打者としてアレックス・ラミレスとともにチームの屋台骨を支える存在でした。

2009年シーズンも後半戦に突入後、日時まではっきり覚えていませんが、打たれたシーンのシルエットは今でも強く目に焼きついています。それは小笠原さんに対して148キロのストレートをアウトローに投げ込み空振り三振を奪いにいった場面です。自分にとっては渾身の一球。それをいとも簡単にレフト線にパカーンと打たれたのです。合わせられたのではなく、バットの芯で完璧に打ち返されました。もちろん僕の失投でもありません。いつも練習して自信のあったアウトローのストレートです。青木さんにもまったく同じシチュエーションでレフト線に運ばれました。

ここで僕はこう思いました。「今の力量では一流は抑えられても超一流、いわばそのチームの〝顔〟というべき存在だけは抑えられないな……」と。

１５０キロを超えない中で、スピードを求めての投球に薄々、限界を感じ始めていました。**そこで「もっと速く」ではなく「もっと正確に低く」**。投球スタイルの分岐点を感じた僕の脳裏の片隅から出てきたのは、女房役の先輩・谷繁元信《たにしげもとのぶ》さん、そして森繁和ヘッドコーチ（当時）に言われたことでした。

大切なアドバイスを右から左に聞き流していた

２００９年の後半戦に青木さん、小笠原さんに痛打され、自らの投球スタイルの再構築を考えましたが、実はさかのぼること2年前の２００７年春季キャンプで、僕は中日ドラゴンズの司令塔でもある谷繁さんにこう忠告されました。

「吉見、そんなに目一杯、腕を振るなよ」

僕は最初、「この人は何を言っているんだろう……」と理解できませんでした。頭の中は「？」ばかりです。プロ２年目の僕はとにかくアピールしなきゃいけない立場であり、目一杯に腕を振りたい。同時にドラフト１位というプライドも少なからずありました。それでも谷繁さんは、こう言葉を紡ぎました。

「オレはお前のタイプはゴロをどれだけ打たせるかだと思う。左右と高低を使いながらストライクゾーンを出し入れしてね。たとえば、ベイスターズの三浦大輔《みうらだいすけ》とか」

三浦大輔さんの存在はもちろん知っていましたが、当時の僕は球速１５０キロ台を目標にしていましたし、失礼ですけど、三浦さんは僕が描いていた理想型ではないと感じていました。正直にいえば、スピードを求めていた僕は、谷繁さんのアドバイスも右から左。ただ、その直後だったはずです。投手陣を預かっていた森繁和コーチにも言葉の表現こそ違いますが、こう言われたのです。

「お前はどんなに頑張っても１４５キロぐらいしか出ないだろ。だったら常に狙ったところに投げられるようにしたほうがいいじゃねえか？」

たとえ首脳陣に言われても、僕は生意気ながら無視です。ただ、同じタイミングでおふたりに言われたことは、２年前のこととはいえ、ストレートを痛打された僕の頭の片隅にわずかに残っていたのです。

2010年から本格的なモデルチェンジを決意

超一流打者を抑えるために何をすべきか——僕が行き着いた結論は「もっと速く」ではなく「もっと正確に低く」でした。09年の後半戦からそれを強く意識し練習から取り組みましたが、本格的にはその09年オフから、思考回路から球を投げるメカニックまで車でいえばフルモデルチェンジに着手したのです。

スピードを求めていた僕は、それまでは体をすべて使ってまさに一球入魂で投げ込んでいました。そこから最大のテーマは「狙ったところにシンプルに正確に投げるためにはどうしなきゃいけないのだろうか」に変わりました。とにかく手探りでしたが、青木さんや小笠原さんを抑えるためにもやるしかありません。

迎えた2010年シーズン。僕はもう目一杯腕を振らなくなっていました。大げさに言えば、試合の大半は7割程度の力感《りきかん》で、1試合の中で数球だけ、相手打者や状況に応じて思い切り腕を振っただけ。野球や投球に関して深く掘り下げ始めたのもこの時期です。言葉は変かもしれませんが、**速球に「緩急」をつけることもしました。**同じ140キロでも、打者に違う感覚を植えつけるにはどうしたらいいのか。そのために投球の間合いを変えるなど、さまざまな工夫に取り組みはじめたのです。

制球力はいかにすれば身につくのか？

僕が制球力をつけていく過程の中で大事にしていたのが、イメージの仕方です。「狙った場所に投げるための軌道」を頭の中でつくり、当然のようにそのためのメカニック、投球フォームを調整します。これが最低限の作業。そして試合の際に、**僕が意識していたのは捕手のミットを「点」で見ないことです**。

ダーツの的を例えとしましょう。20番だけを狙おうとするとなかなか当たりませんよね。でも隣の1番と5番も含むとなんとなく当たる感覚が持てると思います。必然的に的が大きくなりますからね。僕が意識していた制球力はそれと同じです。

ただ、気をつけていたのは、的を大きく見ても甘いストライクゾーン寄りには見ないこと。つまり、ボールゾーン側を意識して見ていたということです。

少し自慢っぽく聞こえるかもしれませんが、**僕は右打者なら内角のコース、左打者なら**

外角のコースはいつでもピンポイントで投げられます。それは決して大げさではなく、僕にとっては容易なことでした。一方で、一番難しいのはその逆となる右打者の外角と左打者の内角です。リリースポイントにどれほどの差が出るかわかりませんが、体重移動を含めて下半身をしっかり使って投げないといけないので、そこを意識してしっかり練習しないといけません。

勝負を決めるのはカウント1−1からの3球目

正確な制球力を武器として生きてきた僕にとって、「奪三振」はそれほど意識した項目ではありませんでした。意図どおりに進んだアウトの形として

（1）見逃し三振
（2）空振り三振
（3）引っかけて内野ゴロ

この3つがあるとすれば僕が選ぶ理想形はもちろん（3）の引っかけて内野ゴロです。

僕の中で打者と対戦する際に大事にしたのは実は3球目です。毎回毎回、しのぎを削って

打者と駆け引きしているので思いどおりに運ばないことも多いのですが、カウント1－1としておいて「3球目で勝負」というのが、基本形のテーマというべき僕の投球プラン。この3球目でファウルにさせたり、空振りさせたり、見逃しさせたりして2ストライクに追い込むのではなく、**「前に飛ばしてもらってアウト」ということを狙っていました**。なぜならばおのずと球数が減るからです。

僕は相手打者から「吉見はコントロールがいい」というイメージをインプットしてもらっていたので、打者も「追い込まれるまえに……」という発想から3球目を積極的に打ってくるケースが多々ありました。僕はそれを意識して、3球目から逆算しながら初球と2球目を投げて、3球目で打ち取るというのが登板のベースでした。僕の投球スタイルを谷繁さんもしっかり理解してくださっていたのだと思います。

「ゴロアウト、ゴロヒットはOKだけど、フライアウト、フライヒットはお前の責任だからな」

このセリフを何度も言われました。ゴロヒットを打たれてもマスク越しの谷繁さんはOKのジェスチャーをしていたほどです。

同時に、常に頭を巡らせたのが配球、試合の流れ、そして打者の習性を読み始めていく作業でした。

対戦する相手打者のあるシーンをチラ見していた

谷繁さんのサインにも、すべてというわけではありませんが、意図が見えたりするケースが増えました。試合に取り組む一選手としてのスキルが上がったというか、自分のステータスが少しだけ上がったというべきでしょうか。

少し具体的に説明しましょう。

僕はその頃から先発した試合では、**ネクストバッターボックスにいる打者の素振りを見るようになりました**。これは僕なりの発見なのですが、**打者はネクストバッターサークルで好きなところを振っているんです**。

いつも低いところを振っている打者がいて、試合後に映像を確認したらローボールヒッターだったこともありました。100パーセントとは言い切れませんが、好きなコースや好きな高さを自然と振っているのではないかと思っていました。それがわかって対戦したところで絶対に抑えられるというわけではありませんが、知っていることで精神的なゆとりが出るので、よくチラ見していたのはたしかです。

フルモデルチェンジを遂げた２０１０年。僕は12勝でしたが、翌11年には18勝を挙げ最多勝と防御率のタイトルも獲得するなど、キャリアハイの数字を残せました。ひたすらスピードを追い求め続けていたシーズンの09年が16勝。そこから制球力に活路を求め、カジを切った僕がその16勝を上回ることができたのは、谷繁さんや森コーチのおかげでもあり、少しだけ自慢してもいいかなと思います（笑）。

CD
DRAGONS
19
DRAGONS
2

【第4章】

なぜ〝落合ドラゴンズ〟は黄金時代を築けたのか？

落合監督が指揮を執ったチームは
53年ぶりに日本一に輝き、
8年連続Aクラスも記録した。
そんな語り継がれる偉業の裏には、
名指導者・名選手たちの存在があったのだ。

マスクをかぶらない時にその偉大さを痛感させられた

第4章では落合監督の指揮下でなぜ中日ドラゴンズが黄金時代を築けたのか。監督、コーチ、選手など錚々《そうそう》たる顔ぶれから分析していきたいと思います。

僕の野球人生を語る上で感謝してもしきれないのが、やはり中日ドラゴンズの要《かなめ》の存在だった谷繁さんです。

1988年のドラフトで江《ごう》の川《かわ》高等学校（現石見智翠館《いわみちすいかん》高等学校）から強打強肩の捕手として横浜大洋ホエールズ（現横浜DeNAベイスターズ）の1位指名を受け入団。1998年には攻守の軸としてチームを38年ぶりのリーグ優勝に導きます。2001年のオフにFA宣言して中日に入団後、文字どおり不動の扇の要を務め、あの野村克也《のむらかつや》さんを抜き、通算3021試合出場という日本プロ野球記録を樹立。2014年シーズンからプレイングマネージャー（選手兼任監督）として選手と監督という二足のわらじを履き、あの野村克也さんや古田敦也《ふるたあつや》さんのように、他の人にはマネのできない重責も担いました。

この名捕手のおかげで僕は勝たせてもらったといっても決して過言ではありません。自分の現役時代の終盤、谷繁さんがいなくなってどれだけ偉大だったか痛感させられました。僕は故障してから一気に劣化しました。そうなると、マウンドでは自分の投球フォームに気を配ることで精一杯になってしまいます。言い訳になるかもしれませんが、つまり、リードに関して神経を尖らせていく余裕がなくなるんです。

もちろん、これは僕が故障するまえから感じていたことです。捕手という重労働のポジションゆえに、時として僕の先発登板で谷繁さんが休養の時があります。そんな時は小田《おだ》幸平《こうへい》さんを筆頭とした控えの捕手がマスクを被るのですが、今だから言うと実はめちゃくちゃ頭が疲れました。小田幸平さんはチームにとって欠かせないムードメーカー。チームにとって替え難い貴重な存在であったことは間違いないのですが、僕は偉大な正捕手の存在に甘えすぎていたのかもしれません。

谷繁さんとバッテリーを組む時を言葉で表現すると「身を任せていた」。一方、谷繁さん以外の捕手と組む時は、**「配球面から自分で考えなきゃ」という意識が働いていました。**というのも、実際にサインどおりに投げていても「あっ、もう投げる球がない」、「もう無理だ」と手詰まりになっていく経験をしたからです。

もちろん、捕手がリードすることに変わりはないので僕からサインを出すことはありません。ただ、同じリードにならないように首を振ったり、イニングの合間に打者の攻略法を入念に打ち合わせてマウンドに行ったりする作業を余儀なくされました。その際に体以上に頭が疲弊していることを実感したのです。

「吉見に任せるわ」

「投げたいボールを投げておいで」

主戦として投げていた僕が、よく谷繁さん以外の捕手に言われたフレーズです。生意気な言い方になりますが、僕はこう言われると、「意思を尊重してくれる」というより、**「配球面の責任を回避しているんじゃないかな」と思ってしまったのです**。行き当たりばったりだから、配球面で手詰まりになるんじゃないか……そうとも感じていました。なぜなら谷繁さんにそう言われたことは、ただの一度もなかったからです。

僕にとっては精神安定剤であり、これほど心強い存在はいません。ドシッと構えているその存在がどれだけ有り難いことか痛感させられました。ただ、その谷繁さんにはいつも怒られてばかりで……いや、言葉が悪いですね。指導していただくことばかりだったのですが、実は一度だけ反抗したことがあるのです。

谷繁さんに反旗を翻《ひるがえ》し、グラブを投げ捨てた

「巨人戦で勝たないと給料は上がらないぞ」

　2009年の契約更改でこう言われていた僕は、やはり必要以上に読売ジャイアンツ戦を特別視していました。迎えた2010年。森ヘッドコーチに「巨人戦にどんどん投げさせてください」と直訴していた僕は、8月までジャイアンツ戦6試合に登板して、4勝1敗と順調に勝ち星を積み上げることができていました。

　そして迎えた9月3日の本拠地ナゴヤドームでのジャイアンツ戦。3-1でリードして迎えた6回1死一、二塁のピンチを迎えたところです。ベンチから森ヘッドコーチがマウンドに来て「どうだ？　シゲ（谷繁）」と谷繁さんに僕の状態を確認したんです。すると谷繁さんは「替えましょう」とひとこと。これには僕も頭に血がのぼり、**思わず「はっ？　まだいけますよ」と言い返したのです**。

　球数もまだ76球。降板するほど疲弊していたわけではありません。すると谷繁さんは返す刀で「無理だよ、そんなボールじゃ」と一刀両断。僕も「わかりました。じゃあ、替わ

ります」と言い残して、誰だか覚えていませんが、2番手投手がマウンドに来るまえにスタスタと一塁ベンチに引っ込みました。

僕は怒りが抑えきれずグローブを自然とバーンと投げつけたのです。ただ勝ち投手の権利は残っており救援陣の踏ん張りのおかげで勝利投手にはなりました。その時にはすでに冷静さを取り戻していたこともあり、生意気な態度を謝罪するために、試合後に谷繁さんのロッカーまで行きました。

僕が「すいませんでした」と口を開くと、谷繁さんは「えっ、なんのこと」と涼しい顔で受け流してくれました。僕は少し安堵《あんど》したのですが、やはり1年後にしっかりオチがありました。

やはり谷繁さんは一筋縄ではいかない名捕手

それは、落合政権最終年の2011年にリーグ制覇を果たし、優勝決定後の恒例のテレビ局巡りで同席したインタビューの時でした。谷繁さんがあのなんともいえない、いたずらっぽい笑みを浮かべこう話し出したんです。

「後輩で唯一、僕に反抗してきたのはコイツだけなんです」

あまりの想定外の言葉に僕はさすがにしどろもどろ。「えっ、覚えてたの」と困惑したのは言うまでもありません（笑）。

そんな偉大な捕手は、僕にとって「近くて遠い存在」と表現したらいいのでしょうか。プライベートで食事に連れていっていただいたこともありますが、とにかく気軽に会話をできる存在ではありません。1対1のサシで食事をする機会もありましたが、会話が途切れる時間もしばしば……。谷繁さんは沈黙をまったく気にしないタイプなのですが、僕は張り詰めた空気の中で食べ物の味もよく覚えておらず、大げさにいえば生きた心地すらしませんでした。

正直、現役を退いた今でも谷繁さんの目のまえに行けばおのずと背筋はピーンと伸びますし、「吉見！」と呼ばれたら毛穴はビヤッと開きます。

幸運にも、最優秀バッテリー賞を一緒に獲得できましたし、僕が制球力で生きていく投手に生まれ変われるヒントを与えてくれた恩人でもあります。絶対に頭が上がらないこの関係性はきっと死ぬまで続くのではないかと思っています。

〝アライバ〟は野球を知り尽くした次男坊

落合政権時代の野手陣を家族構成で位置づけるとすれば、長男が〝ミスター・ドラゴンズ〟と言われた立浪和義さんと谷繁さん、そして次男は二遊間を組んでいた井端弘和《いばたひろかず》さんと荒木《あらき》雅博《まさひろ》さんの〝アライバ〟、そして三男が森野《もりの》将彦《まさひこ》さんでしょうか。投手だった僕は長男である捕手の谷繁さんに全幅の信頼を置き、野球をよく理解していた次男のアライバさんに支えられていました。

荒木さんの「アラ」と井端さん「イバ」で〝アライバ〟。黄金時代を築いた落合政権時の象徴的な存在でもあり、鉄壁の二遊間は球史にその名を刻みました。荒木さんは1995年のドラフト1位で熊本工業高校から中日ドラゴンズに入団。2004年の落合監督就任以降は二塁に固定され、リードオフマンとして39盗塁をマークするなど広い守備範囲とともにそのスピードも存分に発揮しました。

一方の井端さんは1997年のドラフトで亜細亜《あじあ》大学からドラフト5位で中日ドラゴンズに入団。守備固めや代走で出場機会を増やすと、2001年からは2番遊撃手に定着し、全試合に出場します。2002年にはベストナインを受賞し、2004年は選手会長にも就任。自身初の打率3割やゴールデングラブ賞を受賞するなど、その地位を確固たるものとしました。

井端さんは侍ジャパンの一員としても活躍。2013年のワールド・ベースボール・クラシックの台湾戦で土壇場9回2死に同点適時打を放ったシーンは、野球ファンの脳裏に焼きついていると思います。巨人に移籍後も存在感を発揮し、コーチも経験され、今は侍ジャパンの首脳陣の一員でもあります。

そんな井端さんに対する僕の信頼度は、試合の中の何げない動作に表れていたようです。二遊間の守備に関しては当時、球界ナンバーワンといえるほど鉄壁。僕は二遊間にゴロを打たせた際には、アウトを確認せずに（本拠地のナゴヤドームであれば）一塁ベンチに歩を進めてしまい、**井端さんから苦笑いを浮かべながら「おいヨシ、まだアウト取ってないのにベンチに帰るなよ」とやんわり注意されたことがあります**。どうやら僕がベンチに戻る姿が視界に入り、まだ打球を処理しおえるまえの井端さんにとって、それが意外と重圧だったようです。

ただ、僕からすれば「失策するわけがない」と全幅の信頼を寄せていたからこその行動。

おそらくビジターの試合でも無意識に同じ行動をしてしまっていたはずです。そんな球史にも残る高い守備力に対して文句のつけどころなんてありませんが、実は僕にとっては試合中でも、練習中でも、**状況にかかわらず野手目線の「言葉」で助けられたという思いが強いのです**。

井端さんには「オレのところに打たせてこい。ゲッツー取ってやるから」と何度となく言ってもらいました。

「あっ、先輩が必死に守ってくれている」

こう思ってマウンドで孤独を感じずに済むのは、投手にとっては有り難い限りです。ピンチの際や何げない時でも幾度となくアライバのおふたりはマウンドまで来て声をかけてくれました。球団に愛を持って敢えて書きますが、残念なことに、**今の中日ドラゴンズの内野陣にはこの部分が足りていません**。

技術面は一足飛びに上手になることはありませんが、マウンドに足を運び投手を手助けするという作業は今日からどの選手でもできるはず。つまり、選手たちの心の持ちよう次第だと思います。

「腹筋で投げろ？・」意外すぎる井端さんの言葉の数々

投手はマウンドの上で冷静さを失っていることもあり、内野陣から声をかけられてもその時は頭に残っていないことが実は多いのです。ただ、ひとたびマウンドを下りると片隅にあった言葉がよみがえって次の試合で生きてくることがあります。**ある登板日に井端さんに「ヨシ、腹筋で投げろ」と言われました。**

マウンドで投球フォームに悩んだ際にこの言葉を思い出し、実際に腹筋を意識して投げると、少し違和感を抱いていた体が本来の動きに戻ったりしました。また、ある試合で7点の大量リードで迎えた回に1点を返された直後のことでした。僕からすればというか、周囲から見ても大勢に影響のない1点でしたが、なぜか井端さんがちょこちょこっとマウンドに来てこうつぶやくんです。

「お前、この1点がシーズン終盤に命取りになるぞ」

僕は意味がわからず、試合後に井端さんのところにあの言葉の意味を聞きにいきました。

職人気質で寡黙《かもく》なイメージのある井端さんですが、僕がアドバイスを求めにいけば納得いくまでとうとうと語ってくれます。

「あの1点がなかったらシーズンの防御率が1・99だったのに、不用意に取られたばっかりに2・00になってしまうかもしれない。これって全然、違うだろ？」

井端さんの言葉に納得した僕がいました。それ以降、1点でも無駄にできないという気持ちが芽生えたのはたしかで、無死満塁の際、ゲッツー優先の併殺態勢を取るため二遊間が後ろに下がるのが嫌になりました。

また二塁手の荒木さんには突然、こう言われたことがあります。

「吉見って一、二塁を抜かれる時は調子が良くて、二遊間抜かれる時って調子悪いよなあ。だから調子が悪いと思ったら二遊間をしめて、調子が良いと思ったら一、二塁間をしめてるんだわ」

僕の調子を測るうえで、荒木さんが肌で感じ取ったバロメーターなのだと思います。打者をひっかけさせることができる時には一、二塁間に飛ぶ打球が多いんだと理解していました。そんな何げないアライバさんのひとことひとことが、僕の野球観に与えた影響は少なくありません。投手とは違う野手目線の「言葉」は僕に困った時の引き出しを与え、視野を広げる意味でも大きな手助けとなりました。

チームを強くした恐怖のロッカールーム

話は少し脱線しますが、落合政権時代のロッカールームというのは、僕や浅尾など若手にとっては決してくつろげる場所ではありませんでした。

ナゴヤドームの一塁側ロッカーには、長い長方形のソファーがふたつあります。立浪さん、谷繁さん、中村紀洋《なかむらのりひろ》さんらが集結しているベテラン側のロッカーにひとつと、僕がいた若手側のロッカーにひとつです。

若手側のソファーには井端さんや荒木さんが陣取り、僕らの居場所は自分のロッカーのまえだけ。ただ、そのロッカールームに漂うピリついた雰囲気が嫌なのでこっそり逃げていくというのがお約束でした（笑）。

また、ジュースが入った冷蔵庫が若手側のロッカーのそばにあるのですが、その冷蔵庫ですら先輩たちに気を使ってこっそり開けてババッと飲み物を取っていたほどです。はっきりいえば昭和の野球です。敢えて「残念ながら」といいますが、**今の中日ドラゴンズにはこのピリついた空気が「残念ながら」ありません。**「時代」という言葉で片づけていいものかどうかもわかりませんが、少なからず球団の伝統というべきか、あのピリついた空気があっったからこそチームは強かったのだと思います。

同時に谷繁さん、和田一浩さんといったベテラン選手が、メディアに向けて「オレは勝ちたい、優勝したい」という強いメッセージを常に発信していました。「何割打ちたい」、「ホームランを何本打ちたい」、「このタイトルを目指したい」。そんな個人的な数字の目標はそこにはないのです。

チームを支えるベテランたちが強い決意を示すことで、おのずと選手全員にとっても「優勝」の2文字が大目標であり大前提となります。僕も敢えて数字の目標は立てませんでしたし、たとえ頭に描いていても決して口外することはありませんでした。それは偉大な先輩たちからの影響です。この「強い決意」もまた、黄金時代を築けた要因のひとつなのではないかと思っています。

強面《こわもて》の森コーチが怖いのは実は風貌だけ

落合政権時代に投手陣を束ねていたのが、のちに監督も務められたヘッドコーチ（当時）

の森繁和さんです。

現役時代は西武ライオンズの守護神として活躍され、最優秀救援投手のタイトルも獲得。引退後は、「球界の革命児」と言われた根本陸夫《ねもとりくお》さんにその資質を見出され、投手コーチとして森祇晶《もりまさあき》監督率いる西武黄金時代の一翼を担ったのです。その後も日本ハムファイターズ、横浜ベイスターズの投手コーチを歴任しました。

そしてその風貌はといえば、あのアイパーをあてた独特の髪型が特徴。いかつい雰囲気を漂わせていますよね（笑）。

森さんを知らない人にとっては一見、近づき難い存在かもしれません。ただ、**僕は怖いと思ったことは実は一度もありません**。言葉こそすぐ「バカヤロウ。好きにしろ」と罵倒してきますが、一度、懐に入ってしまえば冗談も言えますし、優しい面もあります。選手と首脳陣という立場なので、食事で同席する機会は球団の行事ぐらいでしたが「森さん、飲みましょうよ」と気軽に声をかけてお酌できる間柄です。

そんな森さんにも機嫌が悪い日があって、**その時はあのノックバットで殴られる危険があったので近寄りませんでした**（笑）。

冗談は置いておいて、森さんは基本的にキャンプや日頃の練習で技術的なことなどを手取り足取り指導するタイプのコーチではありませんでした。ただ調子が落ちたり、思うような投球ができない日々が続いた際にはそっと手を差し伸べてくれるんです。「こうなってんじゃないか」、「オレはこう思うぞ」。こっちは正直、「先にそのアドバイスをくれよ」と思うこともありましたが、これが西武ライオンズを筆頭に他球団でも指導を経験された森さん一流のやり方だったのかもしれません。

戦略家でもあった森コーチの手腕と鼓舞する力

しかも、森さんは近藤真市《こんどうしんいち》投手コーチ（当時）に技術的な指導を一任することが多く、どちらかといえば「戦略」に比重を置いていることが主でした。そのすごさは長いペナントレースの先、先を見据えた読みでしょう。僕は主力扱いしてもらってからは何度かこう言われたことがあります。

「ここの巨人戦が大事な試合になるはずだから、しっかり勝てるようにお前が投げてくれ。そこにピークを持って行くための先発登板に関してはお前の好きにしていい。一回飛ばそうが、中6日だろうが……」

なんと、**森さんがポイントと定めたジャイアンツ戦を迎える1カ月前に通達されるのです**。そこまでの1カ月間の登板間隔や回数に関しては、強制など一切なく完全に僕任せ。おそらく主戦で投げている僕のモチベーションを高めるために、そういう配慮をしてくれたのだと思います。森さんの読みどおり、1カ月後にはそのジャイアンツ戦が優勝争いのうえで重要な一戦になっているから驚きでした。

投げる身としては1カ月前から通達され、そこに向けて準備できる期間を与えられるのは有り難いことこのうえありません。僕は森さんに上手く操縦されていたのだと思いますが、その責任を全うしようと意気に感じて投げたのはたしかです。

バッテリーミーティングや全体ミーティングでも、森さんは投手や野手を鼓舞することが何度もありました。

「オレは勝ちたい。この試合勝ちたい。なんとかしよう」

単純で飾らない言葉ですが、選手が勝つことに全神経を集中させることができたことで、チームの結束も生まれたはずです。その森さんとのやりとりで忘れもしないのが2011年のクライマックスシリーズのことでした。

即決した初めての〝中3日〟での登板

2011年11月2日からのCSファイナルステージ、相手はファーストステージでジャイアンツを破り駒を進めてきたヤクルトでした。

満を持して地元での第1戦に照準を定めて調整してきた僕は、8回途中1失点という結果を残し、チームも2‐1で接戦を制してまず1勝を手に入れました。2、3戦目こそ落としましたが、アドバンテージを入れると2勝2敗の五分で迎えた4戦目に勝利。僕はチームの勝ちを見届けると、5戦目の先発投手が誰かも知らずにナゴヤドームの駐車場を出て家路に向かう……その途中でした。突然、携帯電話が鳴りました。液晶画面に表示されたのは森さんです。

車の運転中だったため、鳴っていた電話には出ずにまずは名古屋市営地下鉄名城線《めいじょうせん》の「自由ヶ丘駅」のロータリーに駐車。森さんにすぐにコールバックしました。当時を再現すると、こういうやり取りでした。

森さん「おい、今日、勝ったんだぞ。お前はどこにいたんだ」

吉見「知ってますよ。僕、ちゃんとロッカーにいましたよ」
森さん「探したんだぞ！」
吉見「いましたよ！」
森さん「まあ、もうそれはいい。ところで体の状態はどうだ？」
吉見「大丈夫です。特に問題はありません」
森さん「オレは明日勝ちたい。お前が投げてくれないか」
吉見「……わかりました。いきます！」

ここまで期待されて、僕に「拒否」や「拒絶」の2文字はありませんでした。とにかくここまで全幅の信頼を寄せられて裏切るわけにはいきません。

もちろん、今思えば、森さんが僕を上手に乗せて中3日で使うための話術だったのかもしれません。ただ、個人の活躍より、**僕は「負けられない試合」が嫌いではありませんでした**。いや、むしろ好きと言ったほうがいいかもしれません。これは社会人野球、そうトヨタ自動車での経験があったからだと思います。

トヨタ自動車では、都市対抗に出ないと社内で肩身の狭い思いをすることもあったし、何より応援してくれる方たちがいる。負けられない戦いを何度となく味わいました。プロとアマでレベルこそ違いますが、その試合の重要度やそこにピークを持っていくためのコンディションと気持ちの高め方……そんなトヨタ自動車で培った経験はクライマックスシリーズや日本シリーズなどプロでの短期決戦にも大いに役に立ちました。

ほぼ練習なしでぶっつけ本番といえる中3日での登板。心技体が整ったというより、アドレナリンが全開だったのだと思います。結果はヤクルト・館山さんとの投げ合いを制して8回を投げ被安打3、無四球、無失点。クライマックスシリーズの最優秀選手にも選んでいただきました。しかし、僕個人の活躍より、**森さんの期待に応えられた喜びが何より僕の心を支配したのです**。これはあとから知ったのですが、落合監督がこの時の中3日の好投をベタ褒めしてくれたそうです。落合監督に称賛されたことは後に先にもこの時、たったの一度きりだったはずです。

チームに黄金時代をもたらした落合博満監督

その森さんとは、また違うアプローチだったのが落合博満監督です。現役時代はロッテオリオンズ（現千葉ロッテマリーンズ）、中日ドラゴンズ、読売ジャイアンツ、日本ハムファイターズと渡り歩き通算2371安打、510本塁打、1564打点を記録。3度の三冠王に輝いた実績は最強スラッガーというほかありません。野球界には「名選手名監督にあらず」という言葉がありますが、落合監督はその数少ない例外の中のひとりであることにも異論の余地はないでしょう。

2004年に中日ドラゴンズの監督に就任すると、すぐさま「補強はいらない。現有戦力を10パーセント底上げできれば勝てる」と話して有言実行のリーグ優勝。その後も監督生活8年間で実に半分にあたる4度のリーグ優勝を飾った名将です。僕はというと、その落合監督とそう何度も会話を交わしたわけではありません。ただポツッ、ポツッと、ここぞというタイミングで言葉を投げかけられました。

「何を不安そうに投げてんだ？」

少し達観したようなあの独特の言い方で諭《さと》すように伝えてきます。そんな落合監督とのやり取りで、最初に心に刻む出来事があったのが2010年です。

プロ3年目の2008年に初の二桁勝利。そして翌09年には16勝を挙げ、ヤクルトの館山さんと並び最多勝のタイトルも手にしました。この成績をもってメディアからは「竜の新エース」ともてはやされたものです。そして迎えた2010年シーズン。ある時、**落合**

監督が「2年ぐらい勝ったくらいでエースって言うなよ」とコメントしているのを新聞で目にしたんです。僕のこの時の正直な感想は「そうだよな」。エースの意識が薄かった僕はある意味、落合監督の言葉に納得していました。

落合監督が僕に求めた本当のエース像

その直後だったと思います。場所はナゴヤドームにある食事サロン。そこで落合監督はいつもの定位置にいました。僕が食事を取りにいった際に、「吉見〜」とフイに呼ばれたんです。「はい」。硬直して返事した僕に落合監督はこう言葉を紡いだのです。

「5年な」

たったひとことだけです。僕はこの5年という意味をじっと噛みしめました。おそらく想像するに、落合監督が言いたかった趣旨はこういうことだと思います。

「2年連続二桁勝利で甘んじるのではなく、5年連続二桁勝利してこそ、本物のエースだからな」

そう理解すると僕のモチベーションは一気に上がりました。たったひとこと「5年な」

でしたが、「落合監督に認めてもらう投手に、いやエースになるしかない」という強い決意を固めた瞬間でした。

人によっては、たったひとことで言い放つそのスタンスに、冷たい人間だと受け取る人がいるかもしれません。ただ、僕は「愛情があるな」と思いました。落合監督はさらなる向上心を持たせるために言ってくれたんだ、と肌で感じ取ったのです。

「あと3年か。よし頑張ろう」

実際に２０１２年までなんとか二桁勝利を達成。「５年な」という落合監督のたったひとことを胸に刻んで突っ走り、すでに２０１２年シーズンは落合政権ではありませんでしたが、監督との〝約束〟を果たせたことに安堵したことはたしかです。

落合監督のひとことから生まれた9連勝

落合監督との会話が脳裏に焼きついたゲームもあります。それは２０１１年８月５日にナゴヤドームで行われた横浜ベイスターズ戦でした。

結果を先に書くと、９イニングで１４８球を投げ被安打９の３失点で完投こそしましたが、2-3で負け投手となりました。
その3点を失ったのはスコアレスで迎えた5回です。4回までは1安打投球で、投球の調子そのものも悪くありませんでした。ただ、5回は連打を浴びて無死一、三塁のピンチを迎えると、1死後、8番の細山田武史《ほそやまだたけし》選手に左前適時打を浴び先取点を奪われました。僕は次の打者が投手の状況でも冷静になれず、とにかく無失点で切り抜けることだけに意識を持っていかれていたのでしょう。2死後にさらに連打を浴びて、このイニング一挙に3点を献上。その後、打線が2点を奪ってくれましたが、このイニングの失点が致命的となり、シーズンの3敗目を喫しました。その試合後です。落合監督と短い会話をしました。
落合監督「吉見、お前あそこで1点を惜しんだろ？」
吉見「はい」
落合監督**「1点を惜しんで3点与えたわけだ。おい、野球はそんなに甘くねえぞ」**
吉見「……はい」
この敗戦の要因を落合監督にズバリと指摘されたことで、僕の中で何かが変わったのを鮮明に覚えています。野球に対して、試合の流れに対して、「常に冷静に対処できる自分を持て」という感じでしょうか。この試合のまえまでの自分は、完全試合→ノーヒットノーラン↓完封↓完投というように、常に投球に対して完璧を求める思考回路でした。それがこの試合を皮切りに、勝つためのポイントや流れを失わない大事な局面が読めるようになっていったのです。

自分の野球観を確立するまさにターニングポイントとなったひとこと。落合監督との会話を経て、その後の８月13日の横浜ベイスターズ戦からこのシーズンの最後の登板となる10月13日のヤクルトスワローズ戦まで、引き分け１試合を挟んで、**負けなしの９連勝を飾ることができました**。結果、この２０１１年シーズンは26試合に登板して18勝３敗の防御率１・65。最多勝、最優秀防御率のタイトルを獲得できたことも、この８月５日の登板と落合監督のひとことがあったからこそだと思っています。

貴重な落合監督との野球談議の時間

僕は長期ロードで先発する際には2日前から、街に繰り出して外食せずに、試合後の夕食はチーム宿舎の食事会場に足を運ぶケースがほとんどでした。その際に食事会場で信子《のぶこ》夫人と一緒に食事をしていたのが落合監督です。

「おい、こっちこい」

この言葉にドキッとしながら、同席して食事をご一緒させてもらうのですが、落合監督には「寡黙」という印象を持つ人が多いと思います。でも、**実はひとことでいえばおしゃべり（笑）**。つかまると食事会場での滞在時間がすごく長くなるので、本音をいうと避けていたんです。ただある試合中にふと、「監督の言ってたとおりだよな」と感じる局面がありました。

また、時として、こちらのモチベーションを上げる言葉もかけてくれます。

「おい、吉見、明日は先発だろ。今日は（朝倉）健太が勝ったんだから、お前なら楽勝だぞ」

もちろん僕は先輩の朝倉健太さんより上だとは思っていませんが、先発をまえに落合監督から暗示をかけられたというか、背中を押してもらったこともあります。あれほど避けていた食堂での空間も、その頃には真逆の印象を持っていました。同席させていただいた回数は本当に数えるほどでした。落合監督がいる時間を狙ってチーム宿舎の食事会場に足を運んだりはしませんが、偶然、居合わせたケースの際には「呼んでくれないかな」とぼんやり思っていたことはたしかです。

忘れられない落合監督との最後の晩餐《ばんさん》

落合監督と最後の食事会場での会話は、２０１１年日本シリーズ第２戦前夜の11月12日。敵地で福岡ソフトバンクホークスとの初戦を接戦で制して迎えた夜でした。

「ここに座れ」

食事会場で落合監督と顔を合わせると、信子夫人、監督のマネージャーさんの座る席に呼ばれました。会話そのものは昔の野球談議に花を咲かせながら進みましたが、落合監督が突然「ラーメン食べたいなあ」と言い始めたのです。もちろん、福岡の博多ラーメンといえば定番中の定番。ただ、ホテルの食事会場のメニューにラーメンはなく、わざわざ出前を取るんです。さすがに僕は翌日の大事な第２戦の先発のことが頭をよぎり、「えっ、前日にラーメン？」と体調面に不安を抱きました。すると、落合監督はこっちのことも気にせず、「監督になれば、なんだってできるんだ」と、ホテルの食事会場にラーメンを届けてもらう行為に関して、冗談とも本気とも取れないことをしゃべっていましたが、大一番をまえにしてもすごい平常心だなと妙に感心しました。

そんな落合監督は、昔の野球に関しては「この打者はこうだった」、「この投手は嫌だった」という野球談議が中心でしたが、僕が最も印象に残る言葉は**「オレは誰よりも練習した」**というもの。3度の三冠王に輝いた人のすごみを垣間見た瞬間です。

食事会場で同席した際に落合監督と話し込む時間は常に長く、ナイター後は23時ぐらいから始まって夜中の3時まで及ぶのは当たり前。ある時、僕の奥さんに「これから食事会場に行ってくる」と電話をかけましたが、その後はおのずと夜中の3時までこちらからは音沙汰なしの状況になります。僕が翌日に「落合監督に呼ばれて3時まで話していた」と説明しても、**奥さんから「絶対にウソでしょ」と疑われたことすらありましたね**(笑)。でもこちらも証拠はないので、喧嘩にもなりました。落合監督との食事会場での会話が何度か続いたことで、ようやく奥さんの誤解が解けたのは不幸中の幸いでしたが。

「日本シリーズに負けたのはお前の責任だ」発言の真意

2011年、落合政権最後の日本シリーズは惜しくも3勝4敗で頂点を逃しました。シリーズ前から落合監督が勇退することは決まっていたので、なんとか最後の花道を……という思いはチーム全体に溢れていました。ただ、そう簡単に事が運ばないのも厳しいプロ野球の世界なんです。

その日本シリーズ後のことです。名古屋市内の飲食店で偶然、落合監督と遭遇しました。勇退するにあたって、その店でたまたまメディアの方々主催の食事会が行われていたのです。僕はご挨拶だけしてその場をあとにしようとしたその瞬間でした。落合監督から「お前も座れ」と促され、その席に腰を下ろした僕は、落合監督から衝撃の言葉を言われたのです。

「日本シリーズに負けたのはお前の責任だ」

僕の頭の中には「？」マークが浮かびました。何せ先発した第2戦は7回途中1失点で勝利に貢献。中5日で臨んだ第6戦は8回途中まで無失点でシリーズ初勝利を挙げていたからです。投球に関していえば胸を張れる内容。ただ落合監督の指摘はこの投球内容のことではなかったのです。

実はこの日本シリーズが開幕されるまえ、森ヘッドコーチから「初戦にいけるか」とCSから中5日の登板を打診されました。僕はさすがに中3日で8回を投げたこともあり、この時ばかりは「厳しいです」と答えたのです。中6日で第2戦に回った背景にはこんな経緯があったのですが、落合監督はこう言葉を紡ぎました。

「初戦に投げて（4戦目と7戦目の）3回投げてりゃな……。お前がいけないって言ったんだから日本シリーズで負けたのはお前の責任だ」

酒席での言葉だけに本気かどうかはわかりません。皮肉を込めた表現といえるかもしれませんが、僕は決して不快な思いはありませんでした。それだけ信頼してくれていたのか……むしろ最後の最後にまた落合監督の愛情も感じた瞬間でした。

僕が引退の報告を最初にしたのはやはり……

２０２０年シーズンをもって引退を決意した僕が、最初に電話で報告をしたのはその落合監督でした。会社員でいえば最初の上司。しかも生き馬の目を抜くプロ野球の世界で僕がなんとか生き抜き、勝つ喜びを与えてもらった恩人ともいうべき存在です。引退を報告する僕に対して落合監督の返答はこうでした。

「早いよ……」

本当に有り難い言葉でした。落合監督が「自分で決めたのか？」と続け、僕が「はい」

と答えると「じゃあ仕方がないな」という声が電話口から聞こえてきました。

本当にこれだけの短いやり取りでした。第1章で綴ったとおり、ドラフト1位で取ってもらった恩は感じていましたし、僕を主戦として使っていただいた。落合監督の下で一番いい数字を残せたし、プロ野球選手としていい思いもさせていただきました。落合監督、そして次に電話した森ヘッドコーチにワンツーで連絡を入れるのは自然なことだと考えていました。

実際、首脳陣に対して尊敬の念は抱いていましたが、時には文句を言うこともありました。ただ時間が経つと、当時は理解できなかったアドバイスの重みやその意味がじわじわとわかってくるのです。これは今後、僕が同じ指導者の立場に立った時に役に立つことだとして、心にしまっています。

名選手たち、名コーチたち、そして名監督。中日ドラゴンズが黄金時代を築けた理由はまさにここにあったのです。

［第5章］

出でよ、チームを支える令和の若き竜たち

中日ドラゴンズの復活に向けて、
若き竜たちの成長は欠かせない。
投手、野手、そして捕手……
令和の時代を支える希望の星たちに
竜のエースは期待を託す！

竜のエース候補・柳裕也《やなぎゆうや》は総合力が高い投手

今や大野雄大がエースとして君臨する中日ドラゴンズ。その存在感と実力はもはや疑う余地はありませんが、本章では「中日ドラゴンズの復活」を担うそのほかの選手を紹介していきたいと思います。

さっそくですが、**僕には次のエースとして期待している選手がいます。それはずばり柳裕也です**。２０１６年のドラフトで1位指名を受けた柳は、今年の交流戦では素晴らしいピッチングを見せてくれましたが、実は球速はスピードガンで出ても１４５〜１４６キロほど。さらに大野のツーシームや、千賀《せんが》滉大《こうだい》の〝おばけフォーク〟のような強烈なウイニングショットがあるわけでもありません。どちらかといえば、すべての球種の平均値が高く、コンビネーションを使いながら抑えていくタイプの投手です。

僕も似たような投手だったから言うわけではありませんが、こういうタイプの投手はもっと評価をされるべきだと思っています。どうしても剛速球を投げる投手にスポットライトは当たりがちであり、ひとつの球種が「１００点」であればメディアも取り上げやすいのは理解できます。ただ、**実際にプロの世界で生き抜くために投手に必要なのは「総合力」であり、「速ければいい」というわけではありません。**「総合力」が高い柳は、その意味でもっと評価されていい投手なのです。

彼には、横浜高校から明治大学というエリートコースを歩んできたプライドもあると思います。しっかり二桁勝利を挙げて実績をつくっているのに、僕は彼の評価が低いように感じていました。交流戦の快投でようやく日の目が当たったのは嬉しいですね。

個人的には、もっと周囲が持ち上げるようにして柳に気分良く投げてもらうのが良策だと思います。「地位が人をつくる」という言葉がありますが、首脳陣が信頼を寄せると、それに応えるべく必死にやる投手なのは間違いありません。

僕が柳という投手を高く評価するのは、「賢い」とも感じたからにほかなりません。彼は入団後、何度も何度も僕のところに「キャッチボールお願いします」、「今日は空いてますか?」と言ってきました。先発投手だった僕は常にキャッチボールの重要性を意識していました。それを柳が感じ取っていたかのはわかりません。ただ、後輩の中でこうしてキャッチボールの相手を直訴してきたのは柳だけです。

2018年のオフ。**その柳が僕のところに「自主トレ、一緒に連れていってください」**

とお願いにきました。即戦力として期待され、ドラフト1位で入団しながら2年間で21試合に登板して3勝9敗。想像するに、柳には相当な危機感が芽生えていたのでしょう。柳の明治大学の先輩でもある川上憲伸さんからの推薦もあり、僕も快諾。僕が育った大阪府内での自主トレでともに汗を流しました。

ここで柳と練習しながらいろんな話をしたり、その言動も目の当たりにしたりしたのですが、**意外とハートが弱いことに気づきました。**横浜高校から明大と修羅場をくぐり抜けてきているはずですが、少し神経質な面があったのです。こういうタイプの投手は、勝っている時は波に乗っており素晴らしい球を投げるのですが、少し歯車が狂うと修正が効かなくなります。自分の状態が「100点満点」でないと、どこか満足しないんです。彼は「70点」で投げても勝てる投手だと思うので、その当たりの駆け引きを覚えるとさらに飛躍してくれるはずです。

柳にはもっと「自分」と「自己顕示欲」を持ってほしい

大野が竜のエースだという立ち位置も永遠に続くわけではありません。その座を柳には貪欲に目指してほしいのです。明大でしっかり教育されていたとあって、柳は挨拶もできるし、しっかり頭で考えているし、向上心もある。人間性について心配することは何もありません。ただ、同じユニホームに袖を通した4年間で、エースになるために直すべきだなと感じた点もあります。それが**「人のモノマネではなく己を持て」ということです。**

「これ松坂大輔《まつざかだいすけ》さんがつけてた香水なので僕も使いました」

もちろん柳にとって、横浜高校の偉大な先輩でもある松坂大輔さんの影響力は計り知れないと思います。ただ、僕には柳の何げないそのひとことが、彼の精神的なもろさや弱さに通じているのではないかと思ったのです。

「もっと自分を持てばいいのにな」

柳に対して直接言ったことはありません。でも、投手は広いグラウンドの小高いマウンドにひとりで立てば誰も助けてくれないのです。「〝地球はオレを中心に回っているんだ〟というくらいの自己顕示欲の強い投手がエースの座を確保する」……野村克也さんが本の中でこのような趣旨のことを書かれていましたが、僕もまったく同感です。

言葉は悪いのですが、柳には「自分の形」がありません。僕が柳に変化を求めるとすればそこだけです。それ以外は完璧に近く、長いイニングの中で局面に応じてクイック投法で投げたり、わざと打者をじらすために球を長く持ったりと、**「野球偏差値」はチームトップクラス**。その「考えることができる能力」に「自分の形」という武器が加われば、そう遠くない将来に必ずや竜のエースになるでしょう。

梅津晃大のポテンシャルと小笠原慎之介の意識の変化に期待

その柳にとってライバルと位置づけられるのが、2018年のドラフト2位指名で入団した梅津晃大です。とにかくその能力に関しては疑う余地はありません。

150キロを超える速球に140キロに迫るフォーク……僕も現役の晩年に一緒に練習しましたが、**潜在能力の高さは大野雄大と双璧といっても過言ではないと感じていました**。

ただ、故障の影響もあってここまでは2019年が4勝、昨年の20年シーズンが2勝と、実績というほどの成績は残せていません。僕は落合監督に「5年な」と言われて5年連続二桁勝利を達成してやっと一人前として認めてもらえましたが、何も「5年な」とは言いません。これは柳にもいえることですが、**まずは規定投球回数に達して、3年連続二桁勝利を目指してもらいたいです**。

梅津は故障なく1年間ローテを守り切ることができればおのずと結果はついてくるでしょうが、同じことは甲子園で活躍した投手でもある小笠原慎之介（2015年ドラフト1位）にもいえます。今年からネット裏で野球を見ることになった僕は、この小笠原のわずかな「変化」を感じ取りました。実は、彼に対してはもともと「キャッチボールが下手だな」という感想を抱いていました。先発するまえに彼はキャッチボールをするのですが、今年はその姿をネット裏から見ていて「少し上手くなったな」と感じたのです。

「キャッチボールが上手い人はピッチングも上手い」

これが僕の投手に関する持論。すべての投手にあてはまっているかわかりませんが、今年の小笠原に期待してもいいと思った理由です。

先にお話しした柳がひと皮むけて「大野雄大さんからエースを奪おう」と挑んでいき、梅津や小笠原が1年間、ローテを守れる状況になれば、中日ドラゴンズの先発陣はグッと安定感を増していくのは必至。仲間同士で切磋琢磨《せっさたくま》することで相乗効果が生まれ、強いチームを構築していくはずです。

成功オーラを持つ石川昂弥《いしかわたかや》に期待するのは「和製大砲」

野手陣に目を向けると、やはり石川昂弥と根尾昂《ねおあきら》の成長こそが将来の中日ドラゴンズの行方を握っているといっても過言ではないでしょう。

僕は現役最後の年に、このふたりが経験を積んでいた2軍の練習で一緒になる機会が多くありました。その中でまず石川から感じ取ったのは、**この世界で成功するであろうオーラを身にまとっていたことです**。野球選手向きという表現が適切でしょうか。天真爛漫《てんしんらんまん》な性格も手伝って、その振る舞いがプロ2年目にしてはあまりに堂々としているのです。

石川は2019年のドラフト1位で地元・愛知県の東邦《とうほう》高校から入団しました。高校時代の3年春のセンバツでは、全5試合に先発登板していずれも勝利投手に。打者としても3本のアーチを描いて優勝の原動力となりました。さらにU-18ワールドカップでは全8試合で日本代表の4番を務め、24打数8安打で打率3割3分3厘、1本塁打、9打点という好成績を残し、同時に木製バットでの対応力も見せつけたのです。ドラフトでは中日ドラゴンズ以外にもオリックス・バファローズ、福岡ソフトバンクホークスが1位指名。結果、与田剛《よだつよし》監督がくじ運の強さを発揮して交渉権を獲得したのです。

石川を長距離砲、和製の4番候補として育てることは球団の責務でしょう。僕が見ている限り、仁村徹《にむらとおる》2軍監督からも「石川を大きく育てる」という方針が明確に伝わってきます。ウエスタン・リーグのある試合で、石川が追い込まれながらも上手く右前打を放ったのですが、仁村監督は石川を褒めることはありませんでした。いえ、むしろ軽打したことに、こう激怒していました。

「お前に求めてるのはそんな器用なバッティングじゃないんだ。そんなのはベテランになってからでいい。本塁打か三振でいいんだよ」

僕もまったく同感でした。石川は軽打してヒットを打てる器用さも持ち合わせているのですが、**やはり求めるのは遠くに飛ばすこと。**ヤクルトの村上宗隆《むらかみむねたか》、ジャイアンツの岡本《おかもと》和真《かずま》、タイガースの大山悠輔《おおやまゆうすけ》や佐藤輝明《さとうてるあき》……今やセ・リーグでは多くの和製大砲がクリーンアップを務めているだけに、石川にもそこに迫る存在になってもらいたいですね。

先日の2軍戦で骨折をしてしまいましたが、それすら糧にして、さらに大きくなって戻ってくる姿に期待しています。

根尾が二刀流に挑戦すればチームの魅力も高まる

根尾という選手は、ファンの皆さんもご存じのとおり、本当に真面目で練習熱心。あれだけの若さで自分を律することができる姿は本当に感心します。とにかくその才能、ポテンシャルの高さも誰もが認めるところでしょう。

岐阜県飛騨《ひだ》市出身の根尾は、すでに中学校3年生時に最速146キロを計測し、「スーパー中学生」と呼ばれていたそうです。名門の大阪桐蔭高校では1年夏からベンチ入り。2年春からは主力となり、投手、遊撃手、外野をこなし、3年夏まで4季連続で甲子園の土を踏みます。そのうち2年春、3年春、3年夏では全国優勝を果たすなど、千葉ロッテマリーンズにドラフト1位で入団した藤原恭大《ふじわらきょうた》らとともに〝大阪桐蔭最強世代〟の一角として、いや、日本中が注目する〝甲子園のスター〟として君臨したのです。

2018年のドラフトでは中日ドラゴンズ、北海道日本ハムファイターズ、読売ジャイアンツ、東京ヤクルトスワローズの4球団が1位指名。与田剛監督の強運で交渉権を獲得すると「遊撃に専念」を公言してプロの扉を叩きました。その根尾ですが今季は開幕から

1軍に定着し、外野での出場機会も与えられています。ただ、今後はどう使っていくべきでしょうか。僕はこのまま外野で起用し続けていくなら、**ロサンゼルス・エンゼルスの大谷翔平《おおたにしょうへい》のように二刀流に挑戦してもらいたいのです**。

今、国内で二刀流の可能性を持つ選手といえば、根尾以外にはすぐに思い浮かびません。速球は今でも150キロ近くを計測するはずですし、まだプロの肉体に変貌を遂げているとは言い難いのですが、その身体能力の高さに関しては誰もが認めるところです。

僕は選手として「中から見る中日ドラゴンズ」と、「ネット裏から見る中日ドラゴンズ」がこんなに違うものかと今、実感しています。ネット裏の解説者という立場から見れば、興行面への意識がおのずと高くなるので、今の中日ドラゴンズは「魅力」や「話題」という視点で他球団と比べると少し見劣りしてしまうのが本音です。

その意味でも、**根尾が二刀流に挑戦すれば全国区の話題になるのは確実**。具体的にいえばオープナー（本来、中継ぎや抑えの投手が先発し、短いイニングをつないでいく起用方法）の試合をつくり、そこに根尾を当てはめていけばいいと考えます。ファンからすればこれほど魅力的なことはありませんよね。

僕は現役時代、契約更改の席で「お客さんが球場に足を運びその収益が君の給料になっているんだ」と説明されました。もちろん活躍すれば年俸を上げてもらいたいと思うのですが、基本のベースになるのはまさに「お客さんに足を運んでもらうこと」です。

実は僕は、２０２０年オフに突然、**現役復帰を宣言してトライアウトに参加した新庄剛《しんじょうつよ》志《し》さんを「外野守備コーチ兼選手」として中日ドラゴンズが獲得すべきだと考えていました**。やはりプロ野球はファンに見られてナンボの世界。「この選手を観に球場へ行こう」。そんなプレーヤーをチームに置くことは急務だと思っています。

木下拓哉《きのしたたくや》と桂依央利《かつらいおり》の切磋琢磨がチームを強くする

球界の歴史を紐解いても、やはり強いチームには名捕手がいます。その意味でも黄金時代を築いた落合政権時代のあとの低迷期間を招いたのは、谷繁さんの後釜がなかなか決まらなかったことが一因だと思います。

その中でも昨年、ようやく司令塔に決まりつつあるなと感じた選手が出現しました。**それがトヨタ自動車の後輩でもある木下拓哉です**。高知高校から法政大学、そしてトヨタ自動車を経て、２０１５年のドラフト３位で中日ドラゴンズに入団。試合数は１年目から９

試合、51試合、16試合、39試合と4年間は正捕手の座を射止めるまでにいきませんでしたが、木下が頭角を現したのは昨年です。

開幕マスクこそ加藤匠馬《かとうたくま》（現ロッテ）に譲りましたが、シーズン中盤から後半にかけて出場機会を増やすとレギュラーに定着。最終的に規定打席の到達こそ逃しましたが、88試合に出場して打率2割6分7厘、6本塁打、32打点とキャリアハイの数字を残しました。また捕手が重要視される守備面に関しても、両リーグトップとなる盗塁阻止率4割5分5厘をマーク。大野とともに最優秀バッテリー賞を受賞するなど、ようやく一本立ちしたなというインパクトを残しました。

僕自身も一緒にプレーしましたが、正捕手としての立ち振る舞いや雰囲気を持っているのはたしかですし、彼が扇の要としてチームの責任を背負うべきだと思っています。具体的に評価しているのは、まず、**木下の長所である「キャッチング」と「構え」**。投手にとって、このふたつは捕手に求める大事な要素だからです。キャッチングは低めの球を虫捕りのように上から捕球されたら、審判からはボールに見えますし、投手も「自分の調子が悪いのかな」と疑う気持ちすら芽生えてしまうのです。逆に「パァーン！」と取ってくれれば投手は乗っていける。同時に「構えがいい」という視覚的要素も不可欠で、そこから投げやすさが生まれるわけです。

そして木下はがっちりした捕手らしい体型で、スローイングに関しても水準以上だと思います。配球やリード面に関しては経験が必要ですが、これを積み重ね、予習と復習を丁寧にこなしていく以外に上達の道はないと思います。

やはり、いきなり谷繁さんのような百戦錬磨とはいきません。その意味で、**木下に対して少し心配している点は彼の優しすぎる性格です**。生き馬の目を抜くプロ野球の世界で、あの投打間18・44メートルはいわばだまし合い。僕が一緒にやっている時から、彼の優しさが随所で顔をのぞかせることがありました。少し具体的に言えば「困ったら外角」、「困ったら変化球」という無難な安全策を取る傾向があるのです。それは今年、ネット裏から木下のリードを見ても感じる部分でした。**谷繁さんがよくおっしゃっていたのが、「1年間トータルで考えろ」**という言葉でした。シーズン序盤は極端なリードで徹底して内角攻めをしたり、とにかく相手の主力打者に「嫌だな」という印象を与えるような配球が随所にあったのです。そのあたりの老獪《ろうかい》さこそ、今後、木下が身につけていかなければいけないスキルではないかと思います。

その一方、**その木下を脅かす存在になりえるのが桂依央利です**。太成《たいせい》学院大学高等学校から大阪商業大学を経て、2013年にドラフト3位で中日ドラゴンズに入団。桂のほうがプロ入りは早いのですが、木下とは同じ1991年生まれの同級生です。彼はとにかく苦労人でルーキーイヤーにイップスに陥りますが、それを努力で克服。2015年に47試合に出場、2016年には初の開幕1軍をつかみ59試合出場と出場機会を増やしていきますが、捕手としては致命的ともいえる左膝を負傷し、半月板縫合《はんげつばんほうごう》手術を受けました。2017年は1年間をリハビリに費やし1、2軍ともに出場なし。復帰後も昨年6月には左有《ゆう》鉤骨鉤骨片《こうこつこうこっぺん》摘出手術を受けるなどケガに泣かされ続けました。

そんな苦労人が、今季は福谷浩司《ふくたにこうじ》が先発の際にはスタメンマスクで起用され存在感を発揮。大型捕手で強肩と強打が武器ですが、何より木下にはない部分があります。僕も何度かバッテリーを組みましたが、試合後「なぜ首を振るんですか?」、「あの場面でこの球じゃないですか?」と配球面などで食ってかかられたことが何度もあるんです。そう、桂も木下同様に普段は優しい男ですが、**気持ちの強さやリード面の老獪さという点では今は木下よりも優れたところがあります**。

とにかく捕手陣に関してはレベルアップしているのは事実。同級生のふたりが切磋琢磨して盛り立てていくことがチーム強化への近道といえるでしょう。

長きにわたるケガとの戦いを経て、
ついに竜のエースは引退を決意する。
しかし、野球への愛情が薄まることはなく、
来るべき日に向けて修行の日々だ。
そんな中で感じたチームの課題とは……!?

【第6章】

引退を決意した理由と中日ドラゴンズに贈るメッセージ

故障との戦いだった2010年シーズン

トヨタ自動車時代に右肘の神経系の手術を受けた僕の体が再び悲鳴を上げ始めたのは2010年シーズン途中でした。8月中旬に違和感を覚えたのですが、規定投球回数の到達にこだわっていた僕は、まさにだましだまし、痛み止めを飲みながらマウンドに立ち続けました。ただ、それも限界に達したのが9月3日にナゴヤドームで行われた読売ジャイアンツ戦です。1失点の粘投を続けていましたが、6回に1死を奪ったところで右肘の痛みに耐えられなくなり首脳陣に直訴して途中降板。次の登板まで一度、ローテを飛ばして万全を期すことにしました。

それでもやはり本調子にはほど遠く、9月16日の広島カープ戦では7イニングを投げ4失点、続く23日の阪神タイガース戦では6回3分の1を投げ再び4失点。右肘の状態は一進一退で、シーズン最後の登板となった10月2日のヤクルト戦こそ7イニング無失点となんとか格好のつく形になりました。チームはというと堂々のリーグ優勝。そしてクライマックスシリーズのファイナルステージの相手は、阪神タイガースを退けてナゴヤドームに乗り込んできた宿敵の読売ジャイアンツです。

初戦はチェン・ウエインが先発して7回途中まで無失点の好投を演じ、あとは強力救援陣を形成する高橋聡文さん、浅尾拓也、岩瀬仁紀さんの完封リレーで先勝。続く2戦目を託されたのが僕で、人知れず痛み止めの注射を打って先発し、7回3分の1を投げ無失点。巨人のエース・内海哲也さんとの投げ合いを制することができました。第3戦こそ落としましたが、第4戦は大接戦の末、和田一浩さんのサヨナラ打が出て日本シリーズ進出が決定。最高の瞬間ではありましたが、僕自身はもうだましだましの投球に限界を感じていたのです。

そして千葉ロッテマリーンズと激突した日本シリーズ初戦。その大事な試合で僕は先発を務めましたが、2回に味方に逆転してもらったにもかかわらず3回に逆転を許してしまい、このイニングで降板。第7戦にも再び先発マウンドを託されましたが4回を投げ3失点で降板となり、チームも敗戦。もはや右肘は限界を超えていました。

日本一を逃した悔しさと同じくらい、体への不安があったのもたしかです。オフに入るとすぐに通称「ねずみ」と言われる右肘遊離軟骨除去手術を受けたのですが、不運なことに、骨棘が取りきれておらず、再び手術を受けるハメになりました。ただ、ご存じの方も多いと思いますが、「ねずみ」は取ってしまえば術後の心配はありません。経験として言わせてもらえば、術後のリハビリさえしっかり行えば、投手にとっては不要な親知らずの歯を抜くようなものです。

続く2011年は東日本大震災の影響で開幕が遅れましたが、4月20日に敵地の神宮球場でヤクルトスワローズ戦に初登板。勝ち負けこそつきませんでしたが、7イニング無失点で幸先のいいシーズンのスタートを切ることができました。

落合監督に有終の美を飾ってもらうために!

この2011年シーズンは、僕にとって衝撃的な出来事が起きたシーズンでした。3年契約が切れる落合博満監督が、このシーズン限りで退任することが、9月22日の試合開始まえに発表されたのです。しかもチームには優勝の可能性が残されており、大事なヤクルトとの首位攻防戦を直前に控えていました。「こんな大事な時期になぜ?」という疑問符が僕の頭の中を駆け巡りました。

落合監督は04年よりチームの指揮を執ると、04年、06年、10年と3度のリーグ優勝を果たします。07年はクライマックスシリーズを勝ち上がると、その勢いのままに日本シリーズをも制し、53年ぶりの日本一に輝きました。結果的に11年の退任まで、指揮官を務めた8年間すべてでAクラスを確保したのです。

「結果を出しているのになぜ退任か？」という報道が目立ち、その最大の理由は観客動員の苦戦および球団の財政難という記事もありました。本拠地の観客動員数は、2009年は229万8405人（72試合＝1試合平均3万1922人）でしたが、2010年はリーグ優勝したにもかかわらず、219万3124人（72試合＝1試合平均3万460人）とダウン。2011年は退任発表時点で、175万1772人（59試合＝1試合平均2万9664人）まで落ち込んでいました。

落合監督は「勝利が最大のファンサービス」と公言していましたが、チームの好成績がまったく観客動員に反映されない現実を指摘されたわけです。

ただ、目の前の試合に全力を注ぎ、「なんとか監督に有終の美を！」という強い結束がチーム内にありました。今思えば、僕のベストピッチングと思える試合はこのシーズンの終盤に訪れます。それにはまず伏線になる試合がありました。

失敗を教訓にすることで生まれた生涯最高のピッチング

それは、優勝が手に届く位置にあったシーズン132試合目、10月7日に本拠地で行われた読売ジャイアンツ戦です。この時点では首位に立っていた中日ドラゴンズでしたが、2位のヤクルトスワローズは1・0ゲーム差まで肉薄。熾烈《しれつ》な優勝争いを演じていました。プレッシャーのかかる大事な先発マウンドでしたが、8月13日の横浜ベイスターズ戦から8連勝（2完封含む3完投）を飾っていた僕は、まさに自信満々で強力ジャイアンツ打線と相対しました。初回、先頭の坂本勇人《さかもとはやと》にいきなり左翼線への二塁打を浴びましたが、後続を落ち着いて仕留めて無失点。2回も1安打されましたが、3回以降は被安打ゼロを並べ、4、5、6、7、8回はすべて三者凡退に封じます。味方打線も3点リードの5回にトニ・ブランコに13号のソロ本塁打が出て中押し点を奪い、僕自身「よし、いける」と完封への確信を抱いていました。さらに相手マウンドには最多勝争いを繰り広げていた巨人のエース左腕・内海哲也さん。タイトルを争ううえでも、大きな白星になるという意識が脳裏をよぎっていたのはたしかです。

迎えた9回のマウンド。僕は野球の怖さを味わうことになりました。先頭の坂本勇人に左前打を浴び、1死後に長野久義《ちょうのひさよし》を四球で歩かせ1死一、二塁のピンチを迎えると、続く阿部慎之助《あべしんのすけ》さんに2点二塁打を浴びたのです。おそらくこの時点で首脳陣は僕の「異変」に気づいたのでしょう。完封ペースが一転、2点差に迫られると8イニング3分の1で交代。2番手の浅尾も傾いた流れを引き戻すことができず、1死一、三塁から高橋由伸さんに同点となる2点二塁打を浴びました。試合は延長10回におよぶ激闘の末に4−4の引き分け。ただ、僕にとっては負けに等しい引き分けです。その試合後、守護神の岩瀬仁紀さんにこう言われたのです。

「ヨシ、もう今日は完封できるって思ったでしょ？　最後の最後まで何が起こるかわからないのが野球。少しでも油断を見せたらダメだよ」

岩瀬さんの指摘どおりでした。僕の中に油断があったのもたしかだし、8連勝中という数字がその油断をつくっていたのかもしれません。

「二度と同じ失敗をしてはいけない」

そう心に決めて臨んだ次の一戦がナゴヤドームで行われる10月13日のヤクルトスワローズ戦。僕が中6日で臨んだ一戦は、首位を死守していた中日ドラゴンズが2位のヤクルトに3・5ゲーム差をつけ、マジック4で迎えた天王山でした。

僕は前回の巨人戦と同じく序盤から好調を維持。1回にトニ・ブランコのタイムリーで先制してもらった僕は、3回に初安打を許し、6回には得点圏に走者を進められましたが、いずれも無失点で切り抜けました。そして6回の裏には和田一浩さんにタイムリー二塁打が出て2-0とリードしました。

そして迎えた9回。**「絶対に同じ失敗は繰り返さない」**。そう心に決めてマウンドに上がりました。

先頭の2番田中浩康《たなかひろやす》さんを遊ゴロ、3番の青木宣親さんを投ゴロと、簡単に2死は奪いましたが、巨人戦の悪夢が脳裏をよぎり慢心することは決してありませんでした。最後は4番の畠山和洋《はたけやまかずひろ》さんをツーナッシングと追い込むと、外角へギリギリボールにしようとして投げたストレートを畠山さんがスイングすると、力のない右飛に終わりました。ゲームセット。この時、女房役の谷繁さんがすごく喜んでくれたのです。マウンドに駆け寄ってくると、僕の肩に手を回してきて満面の笑みを浮かべます。**後にも先にも谷繁さんに肩を組まれ、勝利の余韻に浸れたのはこの試合の一度きり**。めったに褒めない人に褒められ、自己最多を更新する17勝目は僕にとって記録にも記憶にも残る白星でした。と同時に優勝マジックを4から一気に2つ減らすことができたのです。

10月7日のジャイアンツ戦の反省を胸に刻んで臨んだ10月13日のヤクルトスワローズ戦。**振り返れば、この試合が僕のベストピッチングといえるかもしれません。**プロの世界で長く飯を食っていくには、同じ失敗の繰り返しは許されませんし、周囲からの信頼も得られません。幸いにも岩瀬さんのひとことがあり、僕は過ちを教訓としました。結果、大事な勝負どころで優勝をぐっと引き寄せる完封勝利を飾ることができたので、重責を果たせた満足感とともに、自分の中で成長を感じることができたベストピッチの余韻にその日だけは浸りました。

この2011年シーズンは、終わってみればキャリアハイの18勝3敗、防御率1・65。最多勝と最優秀防御率のタイトルを獲得でき、落合政権最終年でリーグ優勝にも貢献できたと思います。

最多勝争いを繰り広げる終盤に襲ってきた悪夢

好事魔多しというべきでしょうか。ベストピッチを披露したその翌年、高木《たかぎ》守道《もりみち》新監督が率いた1年目にまた僕の右肘の状態が怪しくなるのです。

2012年は栄《は》えある開幕投手を務め、本拠地の広島カープ戦で8イニング2失点と白星発進をしました。

ただ、5月1日の練習中に左太もも裏に違和感を覚え、検査の結果、左脚大腿二頭筋《だいたい》挫傷（軽い肉離れ）が発覚。約3週間の離脱を余儀なくされました。6月17日のオリックスバファローズ戦（京セラドーム大阪）との交流戦で戦列復帰し、先発して8イニングを投げ1失点の好投で4勝目を挙げると、7月15日の読売ジャイアンツ戦（ナゴヤドーム）を皮切りに7連勝を記録するなど順調に勝ち星を伸ばしていきました。

先発の一角として常に規定投球回数到達を意識する僕は、肉離れで離脱した分を取り返そうと必死になり、イニング数を稼ぐため、この連勝期間中に4度、完投しました。ただ、**知らず知らずのうちに右肘へ負担をかけていたのでしょう**。

皮肉にも、さらにギアを上げるような出来事もありました。9月11日の横浜DeNAベイスターズ戦で13勝目を記録。一方、最多勝を確実視されていたジャイアンツの内海哲也さんは勝ち星を伸ばせず、気づけば最多勝に手が届く位置にいたのです。僕の残り登板は2試合で両方勝てば15勝。自分のモチベーションを高めることのできる背景が、皮肉にも体が発する危険信号を無視させていたのかもしれません。

本拠地で迎えた9月17日の読売ジャイアンツ戦。今振り返れば、登板前から熱っぽく、この時点で僕の体には異変があったのです。もちろん、その異変を首脳陣に伝えることもなく先発マウンドへ向かいました。ただ、やはりそれで押し切れるほどプロの世界は甘くはなく、同時に右肘の疲労の蓄積も限界に達したのでしょう。そこまでなんとか無失点で迎えた4回2死二塁のピンチ。打席には阿部慎之助さん。さらに力が入るシーンなのに初球は球が抜け、僕の右肘に激痛が走りました。

「さすがに無理だな……」

自分から直訴して無念の途中降板。2年連続最多勝の可能性は消え、チームはシーズン2位に終わり、クライマックスシリーズにこそ駒を進めましたが、僕はこの試合が最後の登板となり2012年シーズンは幕を閉じたのです。

このオフから右肘の治療に関して試行錯誤が続きました。果たしてメスを入れるべきか、入れざるべきか――今度受けるのは、右肘遊離軟骨除去手術のようないわば簡単な手術ではなく、1年以上のリハビリを要する通称「トミー・ジョン手術」です。

シーズン中にトミー・ジョン手術を決意

トミー・ジョン手術とは肘の靱帯《じんたい》断裂に対する手術で、1974年にフランク・ジョーブ博士によって考案され、初めてこの手術を受けた投手トミー・ジョン氏にちなんでこう呼ばれています。投手にとって肘は消耗品。投球動作により肘の側副靱帯に大きな負担がかかるため、故障が生じてしまうのです。

ボールが替わることで肘に負担がかかることも知られており、大塚晶則《おおつかあきのり》さん、松坂大輔さん、和田毅《わだつよし》さん、藤川球児《ふじかわきゅうじ》さん、ダルビッシュ有、大谷翔平など、メジャーに移籍した選手がこの手術を受けたケースは枚挙に暇《いとま》がありません。

もちろんNPBだけで投げてきた投手も、今やこの手術を受けること自体が珍しいことではありません。具体的には、損傷した靱帯を切除したうえで、反対側、もしくは同一側の前腕《ぜんわん》（長掌筋腱《ちょうしょうきんけん》など）や下腿《かたい》、臀部などから正常な腱の一部を摘出し、移植することで患部の修復を図るのです。

僕の場合は右肘の靱帯が伸びていたようで、断裂していたわけではありませんでした。

それゆえに医師によって見解も真っぷたつ。セカンドオピニオンどころの騒ぎではなく、東奔西走《とうほんせいそう》し、5箇所の病院を巡りその意見を求めましたが、その結果、3人の医師が「手術賛成」、2人の医師が「保存治療法派」でした。

そこで僕が出した結論は「保存治療法」。トミー・ジョン手術は違う箇所へ支障が出るという怖れを重要視して、保存治療法による右肘の回復に着手したのです。ただ、リハビリが進んでもなかなか違和感は拭えません。ワールド・ベースボール・クラシックの候補に選出されていましたが、僕は早めに辞退を表明。あくまでシーズンをにらんでキャンプから調整することに没頭しました。

そこにあったのは、「6年連続二桁勝利」への飽くなき意欲です。2013年3月29日の横浜DeNAベイスターズ戦が僕にとってこのシーズンの初登板。勝ち負けこそつきませんでしたが、7イニング1失点となんとか試合をつくりました。4月23日の阪神タイガース戦では7イニングで104球を投げ3失点ながら初勝利を挙げます。ただ右肘の痛みがまたもぶり返し、この後、違和感を抱えながら2試合に登板しましたが、6年連続二桁勝利への意欲より、右肘の痛みをごまかしながら無理して登板することの嫌気が勝るようになってしまうのです。

「ここまで痛いのなら、トミー・ジョン手術を受けるしかないな」

あらためて複数の病院で検査してもらい、シーズン中の6月にこの手術に踏み切る決断をしました。手術後は名古屋市内の病院に入院。ただ、お見舞いに来ていただいた方々に暗い顔を見せた覚えはありません。もうこの時点では自分の気持ちも吹っ切れていたからです。6年連続二桁勝利を実現できなかったことへの悔しさというより、重圧から解放された思いもありました。

「2014年から新しい吉見一起を見せる」

そんな強い思いを抱きながら病床にいたのはたしかです。しかもトミー・ジョン手術に関してはにわかに〝サイボーグ手術〟という俗説もあり、事実、手術を受けるまえより球速が平均して3キロから4キロ向上したという選手のデータがいくつも存在します。プロ野球の投手はリトルや高校時代から休むことなく投球を続け、肩肘だけではなく体を酷使し続けており、リハビリ期間の13カ月〜16カ月は体全体を休める格好の〝チャージ期間〟という側面もあるのかもしれません。僕もリハビリ後のスケールアップした自分の姿に淡い期待を抱きながら、「プロ野球選手として第2章の幕が開けるぞ！」と前向きにリハビリに向き合ったのです。

大谷翔平との投げ合いで無念の途中降板

ただ、今にして思えば……ということもあります。それは「もう少し自分の商売道具である体に対して神経を尖らせるべきだったかな」という点です。僕は国内でトミー・ジョン手術を受けましたが、このトミー・ジョン手術、米国には専門の執刀医やスタッフも多く、やはり向こうが本場。現役時代に米国でトミー・ジョン手術を受けた経験のある桑田《くわた》真澄《ますみ》さん（現巨人投手コーチ）からは「なんでアメリカで受けなかったの？」と指摘されたこともありました。最も大事にしていた術後のリハビリに関しても、米国ではマニュアルが確立されており、メジャーに在籍した際に同じ手術を受けた投手は、ダルビッシュ有を筆頭に、パフォーマンスを落とすことなくプレーしています（もちろん彼らの努力があってこそですが）。

長いリハビリ期間を経て、僕はおよそ1年後の2014年7月8日に神宮球場で行われたヤクルト戦で戦列復帰を果たします。結果、5イニングを投げ3失点という内容でしたが、無事に1軍の舞台に帰ってこられました。もちろんトミー・ジョン手術を受けるまえより、右肘の状態は向上しています。**ただ、しっくりいかない〝何か〟を感じていたのもたしかです**。

2015年もチームは僕の右肘の状態を考慮してくれて、出場選手登録と抹消を繰り返しながら、中10日以上の間隔での登板が続きました。そんな中でも、4月1日の読売ジャイアンツ戦で6イニング無失点のピッチング。この初勝利を皮切りに、試合を壊した日は一度もなかったはずです。4月23日のヤクルトスワローズ戦でも7イニング無失点で2勝目を挙げるなど、なんと開幕から20イニング無失点が続きました。「いける。戻ってきた」。秋田で行われた5月9日のヤクルト戦も6イニング1失点（3勝目）。ここまでの通算防御率は0・55。この時期はようやくたしかな手応えと自信が芽生え始めていました。

ただ、しっくりいかない〝何か〟がまた顔をのぞかせます。5月30日の交流戦の日本ハム戦。あの大谷翔平と敵地で投げ合った試合でまた右肘が悲鳴を上げ、3イニングを終えたところで降板。2軍落ちを余儀なくされました。

久しぶりの2軍では肘をしっかりケアしながら、ウエスタン・リーグで調整登板。右肘の違和感も徐々に緩和され、痛みも出なくなり、自分でGOサインが出せる状態にまで快復。デニー友利《ともり》投手コーチ（当時）に「いけます。上げてください」と直訴して1軍に昇格しました。

迎えた8月5日の横浜DeNAベイスターズ戦。5イニングで71球を投げ、1失点となんとか試合をつくったのですが、自分の中では納得いく投球ではありませんでした。速球と変化球のキレともに不満そのもの。ウエスタン・リーグでは納得のいくボールが投げられて自らGOサインを出したのに、1軍ではどうしてもそれができません。さらにウエスタン・リーグでは出なかった右肘の痛みに加え、右手首付近と右腕全体の痛みも出始めました。試合では幸いにも打ちのめされませんでしたが、僕は心の中をめった打ちにされた試合となりました。

父親の死が僕の心を再び奮い立たせてくれた

そんな木っ端みじんにされたような感覚を味わった1軍復帰登板。そこに追い打ちをかけるような出来事も起こりました。父親の死です。

8月5日の横浜DeNAベイスターズ戦から3週間後の8月26日。父親の秀和《ひでかず》が急性心不全のため死去、56歳でした。喪主は長男である僕が務め、葬儀・告別式を30日に執り行いました。実は8月5日の登板で意気消沈していた僕は父親の死も重なり、「現役生活に別れを告げよう」と思っていました。実際に「もう野球をやめると思う」とこの時、妻にも告げています。

親が亡くなって初めて気付かされることがたくさんありました。僕が小学2年生から野球チームに入り、父親も母親も常に試合に足を運んでくれていたことを思い出しました。中学校に進学し多感な時期にはそれが小っ恥ずかしく、両親に試合を観られるのが嫌な時期も正直ありました。ただ、あらためて思うことは、僕は父親にすごく愛されていたんだということでした。

遺品整理をした時にもそれを実感しました。葬儀後、父親の職場の方にUSBをひとつ渡されました。まったく思い当たる節もないので、さっそくパソコンでそのUSBを開くと、**そこにはプロ初登板から8月5日の横浜DeNAベイスターズ戦までの僕のことを報じた新聞記事、**そしてどこから集めたのかわかりませんが、**僕の試合中の写真がぎっしり詰まっていました。**

2006年から2015年までプロ10年間に及ぶ膨大な資料です。父親が内緒でこんなことをしていたなんて、僕にはまったく寝耳に水のことでした。

野球に対する心が折れ、現役引退を覚悟していた僕の中で何かが変わった瞬間でもあります。込み上げてくるものをグッとこらえ、心の奥底から「もう一度、マウンドで輝きたい！」という思いがマグマのようにフツフツと湧き出てくるのを感じました。**父親はもうこの世にはいないけれど、「僕が投げている姿を見せたい、見せなきゃいけない」と決意を新たにしたのです。**

この2015年は結果的にわずか8試合の登板に終わりますが、3勝0敗、防御率0・94を記録。ただ、投球そのものに手応えを感じることこそありましたが、やはり体は一進一退の状態でした。その結果、右肘ではなく右手首付近の痛みが慢性化していたこともあり、再び手術を決断しました。おそらく父親の死がなければ、もう己を奮い立たせる力は残っていなかったかもしれません。

ナゴヤドームのマウンドで打者・大谷翔平と対戦！

右手首付近の痛みは、右肘のトミー・ジョン手術が原因でした。右肘の動きが制限されることで右手首下に悪い影響を与えたためで、癒着していた神経の剥離《はくり》手術をオフに受けました。これでトヨタ自動車時代から数えると通算5度目の手術です。

そして迎えた２０１６年シーズン。ここから僕の野球人生はもがき、あがき、苦しむ……そんな試練の連続でした。５度目のメスを入れて右手首付近の痛みこそ消えましたが、大きな代償を払うことにもなりました。**この手術で微妙な指先の感覚が狂ってしまったのです**。握力は変わらず60ぐらいあります。ただ、ボールを握った際、言葉で表現しにくいのですが、常にむくんでいると言ったらいいでしょうか。手がしびれた時に物を持つと妙な違和感に襲われるのと同じような感覚です。ボールの縫い目にかける指先の感触もそれまでとは変わってしまいました。

「あれ、シュートってどうやって握るんだったっけな」

時としてこういう状態に陥るケースすらありました。心の奥底では、絶望に打ちひしがれ、投手としての命が絶たれる時が刻一刻と迫っているのを感じずにいられませんでした。大げさにいえば、別人の手になっていたのです。右手薬指は今も動きが悪く、感覚もおかしくなったままです。

「だまし、だまし、やっていくしかないか」

当時の偽らざる心境です。実は、もうこの時には以前のようなパフォーマンスを発揮できるとは思っていません。というか自分の体の状況を考えたら、とてもポジティブには考えられませんでした。ただ、そんな手負いの状態でもモチベーションがおのずと高まり、アドレナリンが出た試合もあります。

それは２０１６年６月19日、北海道日本ハムファイターズとの交流戦です。３勝１敗の星取りで迎えたその日、僕は本拠地のナゴヤドームでシーズン９試合目のマウンドに立ちました。**そしてマウンドとバッターボックスに立った相手は、当時プロ４年目で前代未聞といえる二刀流を継続していた大谷翔平です。**

セ・リーグの本拠地球場での試合のため指名打者制度はなく、大谷は４番の中田翔《なかたしょう》の後ろを打つ「５番・投手」で出場。次代のスーパースター候補である大谷と投げ合い、そして打者・大谷と対戦できる……プロ野球選手の先輩として意地を見せるというより、少年のようなワクワクするような楽しみのほうが上回っていました。そしてマエケンと投げ合った時のように、「強い相手を倒したい！」、「全国区の相手を倒したい！」という意識も非常に強かったのです。

登板前からメディアに対しても「大谷君に黒星をつけたい」と堂々と公言。これを有言実行とするために自分を鼓舞する狙いもありました。と同時に、雪辱したい気持ちもありました。約1年前の15年5月30日に同じ交流戦の日本ハム戦（札幌ドーム）でも、大谷翔平と投げ合いましたが、試合中に右肘が悲鳴を上げてしまい、3イニングを終えたところで降板。2軍落ちを余儀なくされたことはすでに述べました。しかも、大谷とはリーグが違うので交流戦や日本シリーズでしか対戦できません。登板前から「打倒大谷」に全神経を集中させたのです。

まず立ち上がりを三者凡退で抑えた僕は、2回も先頭の中田翔を空振り三振に仕留めて1アウト走者なし。そして大谷との初対決を迎えると、**僕が投じた外角シュートは中前にきれいにはじき返されました**。何せ打球の飛び方と打球音が違う。それはとにかく強烈でした。僕は打者・大谷とこの1試合しか対戦がないので深く語りづらいところはありますが、セ・リーグで僕が強打者と位置づけていた読売ジャイアンツの小笠原道大さんやアレックス・ラミレスと同じく異次元な存在。このふたりは配球をよんで「待ってました」とばかりに自分のポイントまで引きつけて打つタイプ。大谷の場合は穴も大きいとは思いますが、「的を外しても対応してくるんだろうな」という印象で、とにかく打撃センスの良さを感じました。

迎えた4回の第2打席。2球目に内角低めにスライダーを投げ込むと、大谷は強振しましたが打球はレガースで覆われていない右スネ付近を直撃。苦悶《くもん》の表情を浮かべて大谷はいったん治療のためベンチに戻りました。プレー再開後、僕は意図して同じ内角低めに球を投げ続けました。言葉は乱暴ですが、**僕は「いい打者ほど潰さないといけない」と思っています**。その答えは内角攻め。要注意打者にはそこを攻めないと打ち取れないんです。内角に1球投げてファウルを打たせたら、次は外角へという配球はナンセンス。僕の中でこの組み立ては基本的にセオリーの中にはありません。

「内角を打たれるまでとことんいったろ」

これこそが僕が強打者と認める相手に対する考え方です。大谷が治療から戻ってくるまえからそう心に決め、結果、描いたとおりに三振を奪いました。してやったりの投球ができたので、僕の心を満足感が支配しました。

後日、大谷は「制球が抜群で、自打球が当たったあとにもう一度、同じ球を投げられるあたりはさすがだなと思いました」と話したそうです。第1打席に強烈すぎる中前打を浴びただけに、まさしく溜飲《りゅういん》を下げる三振でした。

続く第3打席は6回2死走者なし、0-0のスコアレスの局面でした。フルカウントになった時、僕には「最後まで内角攻め」という配球が頭にありましたが、制球ミスによる一発長打の危険を感じ、外角のフォークを選択しました。状況を考えればこの配球は間違いではないと思いますが、「打たれたくない」という気持ちが指先にも表れたのかもしれません。フォークは外角へのボールとなり四球で歩かせてしまいました。

この1球だけは今でも悔いが残っています。しかも続く6番のブランドン・レアードに左翼線への二塁打を浴び、俊足の大谷が本塁を駆け抜け先取点を献上。この1失点で敗戦投手となりました。

一方の投手・大谷は8イニングを投げ被安打2、四球1、三振12の快投で6勝目をマーク。結果は僕の完敗ですが、とにかく「大谷を倒したい！」という気持ちが僕を奮い立たせたのは事実ですし、野球の醍醐《だいご》味《み》を存分に味わえました。

そんな大谷との激突が記憶に残る16年シーズンは21試合に登板し、投球回数は131イニング3分の1、6勝7敗、防御率3・08。かつての僕の姿を期待したファンの方には物足りない数字といえるかもしれません。でも、当時は口にこそしませんでしたが、僕の中では十分過ぎる結果という感触を持っていたのはたしかです。

でも、自分が培ってきたテクニック、経験、洞察力という「引き出し」をフルに使い、なんとかいい結果を導き出していく作業は予想以上にしんどく、精神的にも肉体的にもこたえる日々でした。それまで簡単に抑えられていたのに抑えられない、簡単に勝てていたのに勝てない……苦労している自分をいざ目の当たりにすると「落ちてきているな」と実感せざるをえません。

しかも当時のチームは、扇の要で絶大な信頼を寄せていた谷繁元信さんが引退してから正捕手不在の状況。僕は「捕手を育てる」と公言こそしていましたが、実際はそこまでの余裕はありません。マウンドに上がればそんな自分と向き合わなければならず、メカニックや体のことで手一杯。とても若手捕手のリード面にまで頭が回りませんでした。

ケガだらけの自分を奮い立たせてくれた岸との投げ合い

続く2017年シーズンはパフォーマンスも上がらず14試合を投げ3勝7敗、防御率5・23。2018年は春先からローテをしっかり守って投げ続け、なんとか試合をつくっていくことができました。4月12日のヤクルトスワローズ戦で初勝利を挙げてから、2勝1敗の成績で迎えたシーズン8度目の先発マウンド。ここでも日本ハムの大谷翔平同様、テンションがおのずと上がる敵と相まみえます。それが敵地・楽天生命パークに乗り込んだ、

6月14日の楽天ゴールデンイーグルスとの交流戦。**相手の先発マウンドには同級生の岸孝之《きしたかゆき》がいたのです**。

のちほどくわしく綴りますが、僕も岸もトップアスリートのコンサルタントとして名高い鴻江《こうのえ》寿治《ひさお》トレーナーに師事していました。実は登板前夜、仙台の宿泊先の鴻江トレーナーの部屋で僕らは体の施術を時間差で受けていたのです。岸と入れ代わりで部屋を訪れた僕に、鴻江トレーナーから「岸くんは（体が）完璧になって帰っていったよ」と告げられました。僕はまさに武者震い！　中日ドラゴンズが楽天ゴールデンイーグルスに勝つうんぬんではなく、今だからこそ言えますが、はっきりいって岸との投げ合いの時だけはチームのことは度外視していました。

「同級生だけには絶対に負けたくない、いや、負けられない、負けは許されない」

試合前日から僕はこんな心境でした。ましてや岸は同級生の中でナンバーワン投手と認知されている。しかもイケメンでスタイルもいい。これだけでも同じ男として悔しいのに（笑）、岸は決して剛速球というわけではなく、お金持ちの品があるストレートを投げるのです。「泥くさくない速球」と表現したらいいでしょうか。投球フォームも実にしなやかで柔らかく綺麗。そして、僕には投げられないあの縦のカーブを駆使して打者を翻弄《ほんろう》していくのです。

そんな相手と投げ合えることは光栄であり嬉しいこと。**「チームを勝たせたい」ではなく「岸に勝ちたい」**。それだけでした。

この試合では、初回に島内宏明《しまうちひろあき》の盗塁も絡みブランドン・ディクソンに左前適時打を浴び先取点を献上してしまいます。ただ、2回以降は粘り強い投球を続け、相手のスコアボードにゼロを刻んでいきます。一方の岸も状態は上り調子。なかなか味方の打線が突破口を開けません。

そして0-1と1点ビハインドで迎えた8回。僕は1死から今江敏晃《いまえとしあき》さんに左前打を浴び、続く指名打者のジャフェット・アマダーに左翼席に運ばれる痛恨の一発を浴びてしまいました。実はこの時、8回表の攻撃の際にその日のスタメン捕手だった大野奨太《おおのしょうた》に代打が告げられ、その裏から捕手が武山真吾《たけやましんご》に交代していたのです。僕に限らず、先発投手というのは試合の途中に捕手が変わることを好みません。それまでの配球や投球のリズムが狂う可能性が高いからです。

アマダーに対しては配球面のミスによる被弾。さらに2死一塁から嶋基宏《しまもとひろ》には右中間への二塁打を浴びKOされました。7イニング3分の2、121球を投げ被安打10の4失点。

交代は当然といえば当然ですが、捕手の交代に対する苛立ちもあり、悔しすぎてベンチに戻るとグラブを投げつけていました。

一方の岸は8イニングを109球で投げ被安打4、四球1の無失点投球を披露し、勝ち投手となりました。先発投手は、味方の攻撃中に次のイニングに向けベンチ前でキャッチボールをして準備を整えます。その際、相手投手を意識することは少ないのですが、この日は岸がちょくちょく視線を合わせようと、こっちを見てくるのがわかっていました。僕からも視線を合わせて刺激をし合っていたのも事実です。

後日、岸から「吉見はこっち見て、反応してくれないもんな」と冷やかされましたが、僕なりに精一杯のリアクションをしていたので、僕も岸に「勝ってたから余裕あったんだろ」と言い返しました。

ただ、岸との投げ合いでは悔しさ以外にも感じたことがあります。結果こそ8回途中4失点で敗戦投手でしたが、この時の僕にとってはベストに近い投球ができたという満足感です。それはなぜかと考えると「邪念」がなかったからだと思うのです。

これは日本ハムの大谷翔平と対戦した時と同じ感覚でした。「大谷に黒星をつけたい」、「岸を倒したい」。僕の思考回路はこの一点だけに集中。雑念がないことで、己の投球に全神経を注ぐことができたのでしょう。逆に、試合中に余計なことを考えると、投球には悪い影響が出てしまいがちです。

「打たれたらどうしよう」、「やられたらどうしよう」。年を重ねるごとにこんなマイナス思考が顔をのぞかせることが多くなりました。やはり、闘争本能を剥き出しにすることこそ自分の能力を最大限引き出す方法であり、「野球は考えすぎたら負けだな」と感じるようになりました。

中日ドラゴンズのユニホームを脱ぐ決意をした夜

この18年シーズン、３勝４敗の成績で迎えた8月10日のヤクルトスワローズ戦。１０３球を投げ被安打３の無四球の快投で、この本拠地での試合が僕にとって最後の完封勝利になりました。ただ、正直にいえばこれは奇跡。もはや完封しようが自信にならない状態ですし、この試合の記憶は「おぼろげながら」にしか残っていません。

この試合だけではありません。２０１６年シーズン以降、大谷との激突や同級生・岸との投げ合いなどを除くと、僕は１軍の登板試合は「おぼろげながら」という注釈つきでしか記憶していません。その理由はなぜか。すべての試合で、誤魔化して、誤魔化して、誤魔化して投球を続けてきていたからです。だから16年以降は本当にいい思い出がありません。先発するのがだんだん憂鬱《ゆううつ》になり、「吉見一起」という元エースのプライドと、意地だけであの小高いマウンドに立っていたのかもしれません。

「自分の経験を積んだ引き出しから出しっぱなしで最後は空っぽに尽きた」

これが僕の2016年以降を簡潔にまとめた表現だと思っています。特に2019年、2020年はそれぞれ5試合しか1軍登板はなく、いずれも1勝止まり。この時は、ベンチとしか試合をしていません。

「そろそろ替えられるんじゃないかな」

相手打者というより、そんな恐怖心としか戦っていませんでした。点を取られたら、ピンチを招いたら、球数が100球に近づいたら……僕の頭の中はすっかりこんな負の思考回路に陥ってしまい、もう野球どころではありませんでした。

それを端的に象徴するシーンが2020年9月13日の横浜DeNAベイスターズ戦で訪れます。7月4日の読売ジャイアンツ戦で4イニングを投げ4失点で黒星を喫して以来、2カ月以上の期間を経て迎えた1軍先発のチャンスでした。その時の自分なりに全精力を注いで調整をしてきたし、決して状態が悪いという実感はありませんでしたが、結果は5回途中、ピンチを招いたところで降板。この日も結局、ずっとベンチと戦っていました。その夜、後輩の投手を食事に誘い、普段はあまり飲まないお酒も飲んだので、その勢いもあったのかもしれません。

「もう中日ドラゴンズのユニホームを脱ぐわ」

僕はこうつぶやき、その決心は登板日翌日も揺らぐことはありませんでした。

2軍での経験は今後の人生の大きな糧となる

プロ15年目、35歳の投手が見た2軍の景色は、ルーキー時代に過ごしたそれとは当たり前のことですがまったく違いました。若い時は「1軍に昇格したい！」という思いのみ。もちろん現役晩年も1軍で投げたいという気持ちを切ったわけではありませんが、ウエスタン・リーグの先発ローテとして投げていると「僕がこの1枠を使っていいのかな」という遠慮にも似た気持ちを抱いてしまったのです。

前年もウエスタン・リーグで同じ時間を過ごした仁村徹2軍監督は、なぜか僕を優先してくれました。でも、僕はそれが逆に嫌で「1軍に昇格できないなら投げなくていい」と思っていました。というのも、**2軍は将来の中日ドラゴンズのための若手育成の場であるべきだからです**。

1軍昇格のメドやチャンスすらない僕のような立場の人間が、その大事なローテーションの1枠で起用されることで、伸び盛りの若手投手の芽を摘みかねない、そう感じていました。ただ雨で試合が流れても首脳陣からは「スライドね」と言われ、僕の頭の中に「?」が浮かびました。仁村2軍監督からは「そんなことを気にするな」と、若手投手の登板機会を奪うことに関して声をかけていただきましたが、僕は最後までそういう気持ちになれませんでした。

ただ、晩年に2軍で過ごした時間は決して無駄ではありません。プロ入りから1軍しか経験せずに現役生活を終えるより、**いろんな角度から野球と向き合うことができたのは僕にとって大きな収穫だったと思うからです**。

今後、指導者としての道を歩んでいきたい僕にとって、2軍で経験できたことはきっと生きてくるはずです。実際、自分の中の引き出しが増えましたし、ひょっとすると僕と同じ境遇の選手を指導することがあるかもしれません。その時は僕の経験も伝えられるでしようし、その選手に寄り添うことができると思っています。そして仁村監督が何を考えて僕を起用していたのかもわかってくるかもしれません。

僕のことを静かに見守ってくれていた家族への感謝

僕は父親の死という不慮の出来事が起きた2015年から現役引退をほのめかしていただけに、妻の聡子《さとこ》もいつもどこかで「覚悟」をしていたんだろうと思います。9月13日の横浜DeNAベイスターズ戦の登板後、名古屋に戻ってから「野球やめるわ」と伝えても、驚いた様子はありませんでした。「もう少し頑張ったら？」という翻意を願うような言葉もなく、「あなたが決めたことなら、それでいいんじゃない」と静かに受け止めてくれるような返事のあとに、こう言葉を紡いだのです。

「私はこれだけ応援できて幸せでした」

トヨタ自動車時代からの付き合いで、僕に長く寄り添ってくれて、ようやく肩の荷が下りた部分があったのかもしれません。

一方で、僕の現役引退に関して一番ショックを受けたのが小学校5年生の長男でした。

3年生の次男と幼稚園の年中の三男はふたりが一緒にいる際にまとめて「パパ、野球やめるわ」というと「ふーん」というリアクション。三男には「なんでやめるの？」と質問されたので、「なんでだろうね」とつぶやくと「打たれるからやめるんでしょ」と、いかにも子どもらしいなんら遠慮のない辛辣《しんらつ》な言葉が返ってきました（笑）。実際にそのとおりでしたし、僕も「そうやな」と笑って返しました。

そして問題の長男です。少年野球チームの送り迎えの際に、僕は車の中で長男に向かって「野球もうやめるわ」と告げたのです。場所もよく覚えています。愛知県名古屋市千種《ちくさ》区にある名古屋大のそばを通った時でした。すると長男は「えっ、なんで？」と質問してきました。僕が素直に「もうしんどいんだ」と返事をすると、「わかった……」と言ったきり黙ってしまいました。その後にもう一度、現役引退の理由を説明し、納得してもらったのですが、妻によるとそのショックは計り知れなかったようです。

長男の意気消沈ぶりを思うと正直、「もう少し現役を続けるべきだったかな」という思いが頭をよぎりました。ただ、今はユニホームを脱いだことで時間ができ、親子の交流が深まったのもたしかです。

現役引退のことを長男と振り返って話すことはありません。ただ、今でも感謝しているのは、**家族の誰からも現役に別れを告げることに反対されなかったことです**。2016年以降、僕が苦悩しながら野球を続けている姿をどこかで見守ってくれていたからかもしれません。家に帰る際の顔つき、振る舞い、何気ないひとこと……やはり家族は僕のそばにいてくれたんだと再認識しました。今後はこれまで以上に家族との時間も大切にしていきたいと思います。

僕を「1億円稼ぐ男」にしてくれた鴻江トレーナー

さて、僕のプロ野球人生を語るうえで欠かせない存在が鴻江寿治トレーナーです。出会いは2009年。球宴後に迎えた7月31日のヤクルトスワローズ戦。この試合で僕は6イニングを投げ3失点で敗戦投手となりました。思うような投球ができなかったというより、実は腰痛を抱えていたのです。靴下をはくことすら億劫《おっくう》というか、痛くてどうにもならなかったのです。僕は口外したわけではありませんが、そんな時に声をかけてくれたのが井端さんでした。

「お前、腰が痛いんだろ」。こんな言葉をかけられました。ドキッとしていると、試合後さらにこう言われたのです。

「オレの部屋に来い。オレが診てもらっている先生がいるから」

もうわけがわからず、東京の宿泊先であるホテルに到着して井端さんの部屋をおそるおそるノックすると、そこにいたのが井端さん、奥さんで元テレビ朝日アナウンサーの河野《かわの》明子《あきこ》さん、そして鴻江トレーナーでした。そこで腰の状態を見ていただくと、痛みはみるみる改善。続く8月7日の横浜ベイスターズ戦では、7イニング3失点で11勝目を挙げることができました。

その後も鴻江トレーナーの腕を信頼し、井端さんが名古屋で診てもらうたびに僕も同行。そのご縁から定期的に体を診ていただくことになりました。ただ、僕はあくまで井端さんのおまけのような立ち位置。それでも体を診ていただいたので施術料を渡そうとしましたが、鴻江トレーナーは1円も受け取ろうとはしません。そうこうしていたある時です。鴻江トレーナーからこう告げられたのです。


「僕のことを信じてくれたら、1億円稼がせてあげるよ」

2009年の僕の年俸は約4000万円。聞いた話では1億円以上の選手からしかお金は受け取らないということでした。そして迎えた2010年シーズン。この年も井端さんが呼んだ際に僕も診てもらうという流れでしたが、オフには念願の年俸1億円の大台に到達しました。その時からです。井端さんに「ヨシ、お前の好きな時に呼んだらいいからな」と言っていただいたのは。そして、先輩に遠慮することなく2011年シーズンからは登板のたびに鴻江トレーナーに足を運んでいただき、登板日前後は必ず体のチェックをしていただくことになりました。

そんな鴻江トレーナーは1966年福岡県生まれ。さまざまな施術を勉強し、トレーニングのノウハウを学び「鴻江理論から生まれた骨幹理論」を確立。ワールド・ベースボール・クラシックの第1回、第2回の侍ジャパンに帯同しますが、野球に限らず、ソフトボール、ゴルフ、バレーボール、陸上、サッカー、相撲、格闘技などのトップアスリートのアスリート・コンサルタントとして活躍しています。

「鴻江塾」で上野由岐子《うえのゆきこ》さんからもらった心に刺さる助言

体のメンテナンスだけではなく、僕が本格的に「鴻江塾」の門を叩いたのは2012年からです。プロ2年目を迎える大野雄大を誘い、福岡県八女《やめ》市で開催される合同自主トレに参加しました。参加するアスリートは全体で20人程度なのですが、東北楽天ゴールデンイーグルス所属だった今江敏晃さん、現読売ジャイアンツの中島宏之《なかじまひろゆき》さん、横浜ＤｅＮＡベイスターズの伊藤光《いとうひかる》、広島東洋カープの安部友裕《あべともひろ》……当時からプロ野球選手は数多くいました。

午前中は茶畑の中を走り込む体力強化がメインになりますが、午後からは夜遅くまで映像を使いながらひたすら動作解析の議論を続けていくのです。この期間が5日ほど続くのですが、果たして僕の投球フォームは理にかなっているのか？　この動作解析で、修正したり進化させたりという作業に没頭していくのです。僕が大野を連れていった理由はこの理にかなった投げ方、投球フォームを理解してもらいたいと感じていたからです。

話は少し脱線しますが、この合同自主トレで自分に刺激をもらうたくさんの出会いがありました。そのひとりがあの上野由岐子さんです。いわずと知れたソフトボールの第一人者で、北京五輪金メダル獲得の立役者。日本リーグではＭＶＰに8度も輝くなどレジェンドといっても過言ではありません。その上野さんは初対面の僕にも、あけすけに有意義なアドバイスをしてくれました。

「吉見くんはさ、１５０キロ出るわけじゃないんだから、もっとマウンドで洞察力を磨かないとダメだよ。周囲が見えるようになればもっと自分のピッチングが良くなるよ。**観察力、洞察力を養えばスピードが出ないことを補うことができるんだから**」

はい、上野さんのおっしゃるとおりです。スピードに固執せず、制球力で生きていくことに重点を置いていた僕は、上野さんが言ってくれた洞察力や観察力をもっと磨くことをあらためて決意しました。

人の言葉に耳を傾けることで球界のエースに成長した千賀

さらに驚かされたという意味では、のちに日本球界を代表する右腕に君臨する千賀滉大（福岡ソフトバンクホークス）です。当時の千賀は育成選手。まったく面識もなく名前も知らなかったので、「せんが」ではなく「ちが」と呼んでしまったほどです。愛知県蒲郡《がまごおり》市出身ということもあって中日ドラゴンズの選手に親近感があったのでしょうか。真相はわからないのですが、合同自主トレではやたらと僕のそばにいました。そんな千賀がキャッチボールをするとまるで〝壊れたピッチングマシン〟。とにかく制球の「せ」の字もなく、球がどこに行くのかわからないのです。ただ、これは大野にも同じことがあてはまりますが、共通していえるのは、ふたりとも地肩が強く、指にかかった球はとにかく勢いがあり、誰もマネができない球を投げるということ。

「コイツはいずれ、すごい投手になるのでは……」

千賀に関してこうぼんやり思ったのもたしかです。

少し話は脱線しますが、僕は千賀に対しても大野に対しても、先輩風を吹かせて技術論や精神論を偉そうに語ったつもりはありません。でも、ひとつだけ口を酸っぱくして言い続けたことがあります。

「どんなに偉くなっても、立場が上がっても、エースと言われるようになっても謙虚でいなさい。これだけ忘れないようにね」

この一点だけです。千賀は2012年に育成から支配下に駆け上がり、その後は押しも押されもしないソフトバンクのエースへ。2017年にはワールド・ベースボール・クラシックの侍ジャパンのメンバーにも選出されました。

2016年から3年連続で二桁勝利も達成し、年俸も大台の1億円を突破。おそらく本人もわが世の春を謳歌《おうか》していたのでしょう。2019年シーズン前に会った際に髪の色が「金髪」に変貌《へんぼう》していたのです。

僕は千賀の心に油断や慢心があるのではないかと危険信号を感じ、少し伸びすぎた鼻をポキンと折る意味でも、わざときつい言葉を浴びせました。

「なんだその髪型は？　少しばかり勝ったからって調子に乗ってるのか？　シーズンでもその髪型でいくんだな？　それならオレも何も言わない」

おそらく千賀は、僕が伝えたかったことをすぐ理解してくれたのだと思います。「すいません。黒くしてきます」と言いました。その後、千賀は二桁勝利を5年連続まで伸ばし、今や日本球界屈指の右腕に成長。今後は大野と一緒に、世界を舞台に活躍してくれるのではないでしょうか。

僕と菅野が同じ新フォームづくりに取り組んだ理由

千賀と同じく、今や日本球界の大エースといえる読売ジャイアンツの菅野智之もまた、「鴻江塾」の門を叩いたひとりです。

僕が投球フォームを進化させていったように、菅野も現在の腕から始動する新フォームを「鴻江塾」で確立しました。僕も現役最後の頃は腕から始動するフォームだったのですが、菅野よりいち早く着手していたことになります。

２０１９年シーズン。わずか5試合に登板、しかも1勝1敗という不甲斐ない成績で終わり、絶望の中で「何かを変えなくては」と僕がもがき苦しんでいた時の話です。シーズン終了直後の10月。球団関係者にお願いをしてこっそりとナゴヤ球場に隣接する室内練習場を借り、鴻江トレーナーを招いて新フォームの構築に動き出しました。

そして迎えた２０２０年シーズン。結果は引退試合を除けば4試合を投げて1勝2敗。数字だけを見れば決して新しい投球フォームが成功したとはいえないでしょう。ただ、これは自分の中の感覚ですが、近年では状態の良さを強く感じていたのも事実です。

過去の実績こそあれど、何も保証されていない状態からのキャンプインでしたが、オープン戦で投げている時も僕なりの手応えを感じ、実際に開幕ローテーション入りが微妙な立場にありながら、その一角に食い込むことができたので、新フォームが体に染み込んでいた証《あかし》でしょう。

ただ、メカニックへの手応えはあっても、メンタルはなかなかいい時には戻れません。試合では常に代えられる恐怖との戦い。その思考から最後まで抜けきれず、それこそが結果を出せなかった要因と考えています。ただ、僕の野球人生の最後のあがきともいえる投球フォームの改造。最後まで少しでも現実に抗《あらが》い、進化を求めたことに関して悔いはありません。後日、鴻江トレーナーがこんな話をしてくれました。

「吉見くんと菅野くんは骨格から筋肉の付き方から、疲れが出た時に腰に張りが出る場所までまさに瓜ふたつだよ。違いは菅野くんのほうが少し大きいだけで、胃が少し出てポテッと出るところまでまったく同じだね」

僕や菅野のような体形の場合、横のトルク（ねじりの強さ）を出やすくするために、腕から始動する投球フォームが理にかなっているということです。

僕の引退後、2021年シーズン開幕前に僕がインタビュアーという形で菅野と話をする機会があったのですが、菅野は「このままではダメになるよ」と鴻江トレーナーにはっきり言われたそうです。菅野ほどの地位にいれば、周囲の人間はおのずと忖度《そんたく》して意見を言いにくくなるのは想像に難くありません。菅野自身も「何がいいのかわからなかったけど、自分の中でも何か変わらなきゃいけないと思っていたタイミングでした。それがマッチして、この形で結果が出ましたから」と話していました。

日本が誇る最高峰の右腕はさらなる進化を求め、僕は復活を目指し、同じ新フォームに取り組んだ。いずれにせよ、僕にとって鴻江トレーナーは野球人生を語るうえでかけがえのない恩人であることは疑う余地はありません。
同時に、年齢こそ違えど不思議な縁を感じる菅野には、まだまだ野球界のトップに君臨する投手であってほしいし、そうあるべきだと心から願っています。

球団への引退報告と引退試合の決定

中日ドラゴンズのユニホームを脱ぐ覚悟を決め、他球団でもプレーしない気持ちを固めた僕が、現役引退をフロントに伝えたのは２０２０年10月30日でした。

「引退させてもらいます」

僕の言葉に加藤宏幸《かとうひろゆき》球団代表はしばし絶句しました。少し取り乱しているようにも見受けられましたが、加藤代表からは11月６日のヤクルト戦での引退試合を打診いただきました。とても光栄な話ですが、チームが８年ぶりのAクラスに向けて必死に戦っている状況の中、僕のためだけに迷惑はかけられないと思い、その場で丁重に辞退しました。ただ、加藤球団代表は僕の固辞を受け入れず、「今まで応援してくれたファンの皆さんに感謝を伝えなさい、お礼を言うべきだ」と諭してくれました。僕も加藤代表の言葉に納得したので、引退試合を快諾しました。

その頃、2軍はみやざきフェニックス・リーグに参加しており、ナゴヤドームにも残留組しかいない状況の中、僕は静かに11月6日へ向けて練習を始めました。

そして、先発の際のいつものルーティーンでもある2日前のブルペン入り。僕の現役生活で常に助けていただいた中野栄一《なかのえいいち》ブルペン捕手にお願いをし、感謝の思いを込めて、そのミットめがけて投げ込みました。

実はこのタイミングでも引退する実感が湧いてこなかったんです。首脳陣の方にも「やめるからって特別扱いしないでくださいね」と伝え、いつもどおりに過ごしていたからだと思います。2020シーズンは、1軍で結果は出ませんでしたが、調子そのものは決して悪いわけではなく、2軍の小笠原孝《おがさわらたかし》投手コーチからは「引退を撤回しろ」と言われたほどでした。その小笠原コーチが再三、1軍に推薦してくれていたことは知っていました。

ただ、実力が同じ程度であれば若い投手が優先されるのはこの世界の常。人の評価まで僕にはコントロールできないことですし、これぱかりは致し方ないことですし、僕も納得していました。

思いもよらぬ千賀と石川柊太《いしかわしゅうた》の引退試合の観戦

「明日観に行きます」

引退試合の前日、ソフトバンクの千賀滉大からＬＩＮＥで連絡が入りました。「えっ？」と驚きつつも、千賀の分のチケットを手配しようとしましたが、もう手配済みとのことで、「終わったら会えませんか？」との言葉も添えられていました。ソフトバンクは前日に敵地でロッテと対戦していました。その翌日は移動日で通常なら羽田空港から福岡まで飛行機で移動するのに、わざわざ新幹線に乗り込み、名古屋で途中下車して球場まで足を運んでくれたのです。

同じソフトバンクの石川柊太も観戦してくれて、登板後は彼らと交流もある大野雄大も交えて４人で30分ほど話ができました。

彼らからは「本当にお疲れさまでした」と労をねぎらわれたのですが、特別しんみりした空気が漂うこともなく、石川とともには僕のユニホームを購入して着用してくれていた千賀は「これ買いました。吉見さんにこれ入りますね」と親指と人さし指で輪っか（お金）

のジェスチャーをつくるなど、冗談を言い合ったほどでした。とにかくふたりが来てくれたことが何より嬉しかった。そして千賀が僕の引退試合後に自身のSNSにこう投稿していたのを目にしたのです。

「長文です。1年目のオフ、まだ育成だった頃にその前年の日本シリーズでホークス相手に活躍されていた吉見さんと出会いました。何もなかった、チームも違う僕に色々と親切に教えてくださり、とても覚えている言葉があります。

(常に謙虚でやりな。野球選手は結果を残すと自分の地位まで上がったと勘違いする人がいる。そうじゃない。ただ野球が上手になっただけ、人は見てる、常に謙虚な姿勢で人と接していける人になりな。そして体に気をつけて、ほんま怪我の経験が長いからこそ言えるから)

この言葉は僕のプロ野球生活の中でも今でも大切にしないといけないと思っている言葉になりました。すごい成績を出されてるのに雑用を率先してやる姿、びっくりしました。人としてのことを教えてもらえた最高の先輩です。吉見さんの引退試合を見れて良かったです。相変わらずの僕にはないコントロールでした!笑　お疲れ様でした!!!」

どういう理由で僕の引退試合に足を運んでくれたのかはわかりませんが、本当に有り難く、この長文を見た時に「ああ響いてくれていたんだな」と思った瞬間でした。

そんな引退試合から2~3日が経過した頃、「ああ、オレ、野球やめたんだな」と実感するようになりました。何せ体を動かさなくていい、治療もしなくていい。この時、幸せを感じたんです。たぶん現役生活を続けていれば、体のケアが思うようにいかない状況に何度もぶち当たり、ピリピリ、イライラしていたはずです。

そして、ネット裏から解説者としての立場で野球を見ることは初体験。これまで自分が携わっていた野球とはまったく違う野球を発見できるのですから贅沢な話です。きっと解説者としてネット裏から野球を見なければ感じることはできなかったでしょう。将来は指導者として現場に戻る夢がある僕にとって、これは大きな財産です。「たられば」になるかもしれませんが、もし現役を続けた自分と今の自分を天秤にかけたら……自分の選択は決して間違いではなかったと思えるのです。

トヨタ自動車の「テクニカルアドバイザー」就任

現役を引退したあと、僕が真っ先に足を運んだのは都市対抗が行われていた東京ドーム。

そうです、出身母体だったトヨタ自動車の試合でした。そして試合を観て抱いた感想が「社会人はこんなレベル高かったっけ」ということでした。

今やプロ野球のOBの方々が、肩書きの違いこそありますが、指導者として社会人野球でその経験を伝えているケースは枚挙に暇がありません。「自分の野球に対する感覚や感性を鈍らせたくない」、「将来の指導者として今からいろんな角度で勉強したい」。そんな思いを抱いた僕は、トヨタ自動車の野球部に同期入社だった岩崎司《いわさきつかさ》投手コーチに「将来、指導者になりたいし、引退して時間もできるから、トヨタ自動車の練習に遊びにいってもいい？」と聞いたところ、有り難いことに、これまたトヨタ自動車野球部時代の同僚だった藤原航平《ふじわらこうへい》監督から僕の申し出を快諾していただきました。僕自身はボランティアという形を希望したのですが、正式に「テクニカルアドバイザー」という立場で契約、指導者としての第一歩を踏み出すことができました。

実際に、アドバイザーという立場でチームの中に入ってみて、目からウロコというべきか驚くことも多くあり、毎日が発見の連続です。たとえば挟殺プレー。トヨタ自動車では20分ほどかけて、どうすれば最速でアウトにできるのか、さまざまなケースを想定しながら徹底的に話し合うのです。「そんなのセンスじゃないの？」。正直、最初こそそんな感想を抱きました。ただ、逆にここまで理詰めで話し合うことがトヨタ自動車の伝統なのかわかりませんが、ひとつのプレーを徹底的に突き詰めていくその姿勢も含めて、アマ野球や選手たちから学ぶべき点がたくさんあります。

教えることにおいて僕が注意していること

僕には、トヨタ自動車で選手をコーチングするうえで気を付けていることがあります。これだけは守ろうと心に決めていること。それは**「自分から教えにいかない、自分が思ったことを口にしない、絶対にでしゃばらない」**ということです。

「ここがこうなってるよ」、「ここをもう少しこうしたほうがいいよ」。この手の言葉は僕の中ではNGワード。トヨタ自動車の藤原航平監督や秋《あき》田《た》祥孝《よしたか》ヘッドコーチから「思ったことを言ってくださいね」と言われることもありますが、ただ感じたままのことは絶対に口にしていません。

それはなぜか？　**僕がそれをするのは選手に助けを求められた時、聞かれた時だけだと考えているからです**。ブルペンの投球練習を観察していれば「この子、こうしたらいいのにな」と感じることは正直あります。ただそれを口にはしませんし、実際に言われたくない選手もいるわけです。何より、僕がメカニックなことを伝えることで、**選手におかしくなってほしくないし、まずは自分でしっかり考えてほしいのです**。もちろん、選手たちが僕に助けを求めにきた時には僕の意見を率直に言いますし、同級生の岩崎司コーチにも感じたことを伝えます。「助かっている」と言ってもらえると、プロ野球を15年間経験したことは有意義だったなと感じる時もあります。ただ、とても厳しい言い方になりますが、ただ単にいいボールを投げればいいというのがアマチュア野球。僕は岩崎コーチにこう伝えたことがあります。

「あの投手のスライダーはみんないいって評価するけど、投げた瞬間にスライダーってわかるよね。悪いけどプロではこれでは通用しないよ。一流なら簡単にスタンドに放り込まれるよ」

もしその選手がプロ志望の投手であったら、社会人野球では通用しても、もうワンランク上のプロの世界では木っ端みじんにやられます。僕にその違いがわかるのは、僕がプロの世界で数々の猛者《もさ》たちと対戦してきたからです。もちろんそのスライダーにしても、真っすぐと同じ投げ方をすることは当然として、次は「どこで曲げたらいいのか」という部分も考えなくてはいけません。極論をいえば、打者の振る直前で曲がるのがいい。ただ、これは不可能にしても、できるだけ1センチでも、1ミリでも打者寄りで曲げたほうがいい。そういう意識が大事になってきます。

あとは時代の変化には敏感になります。野球も進化していて僕が教えてもらったことと今では違うこともあり、トヨタ自動車、そしてアマチュア野球に恩返しするためにも、これから僕が猛勉強しなければならない部分です。

中日ドラゴンズのために自分の「引き出し」を増やしていきたい

僕はトヨタ自動車でプロ野球へ飛び込むための基礎を磨き、中日ドラゴンズで勝つ喜びを感じ、投手としては幸せな野球人生を送れたと自負しています。

そして今はトヨタ自動車の「テクニカルアドバイザー」として後進への指導という次なるステージへ身を置いていますが、今後に向けて抱いているのは、「今以上にさまざまな経験を積んでいきたい」という思いです。

もちろん、中日ドラゴンズから指導者としてのオファーをいただければ、ふたつ返事で快諾し、再びドラゴンズブルーのユニホームに袖を通すでしょう。ただ、仮に他球団から先にオファーがあってもそのユニホームを着ると思います。それもまた、**いつの日か中日ドラゴンズへの恩返しにつながると考えているからです。**

引退後は、同じ野球解説者という立場もあり、井端弘和さん、川上憲伸さんといろいろな話をする機会が増えました。そこで偉大な先輩たちから感じることは「引き出しが多いな」ということです。ご存じのとおり井端さんは読売ジャイアンツでも貴重な経験をされ、川上さんは大リーグのアトランタ・ブレーブスでプレー。やはりその言葉の重みは違います。また、同じ中日ＯＢで、韓国のサムスン・ライオンズの2軍監督を務める落合英二さんと食事する機会があったのですが、お話を聞いているうちに、韓国の野球にも強い関心を持ちました。

僕は本質的に「観察する」という作業が好きなのかもしれません。だから知らない世界はどうなっているのか次々と興味が湧くのでしょう。僕はプロ野球では中日ドラゴンズしか知りませんが、**「自分の引き出しを増やしていきたい」というのは偽らざる本音です。**そこには、**「いつの日か必ず僕を育ててくれた中日ドラゴンズに恩返ししなければ、還元しなければいけない」**と強く感じていることが根底にあるのです。その時まで自分の指導者としてのスキルを上げていかねばなりません。

中日ドラゴンズ復活論～再生への4カ条の提言

さて、最後に吉見一起という人間をドラフトで獲得し、成長させてくれて、引退試合まで開催してくれた中日ドラゴンズに、僕なりの愛をこめて本書のタイトルでもある「中日ドラゴンズ復活論」を4カ条という形式で提案したいと思います。

1・求ム長距離砲

各チームの総本塁打数と比較しても明らかなように、現在の中日ドラゴンズの最大のウイークポイントは「長距離砲不在」にあると思っています。

僕が今季からネット裏で解説者として試合を観ていて、野球観が大きく変わったのがこの点です。現役時代に投手だった僕は、中日ドラゴンズの本拠地バンテリンドーム ナゴヤは本塁打が出にくい「ピッチャーズパーク」という認識でした。2-1や1-0のロースコアでしぶとく勝つのが中日ドラゴンズの野球だと自負していましたし、ホームランなんて必要ないとすら考えていたのです。

そんな僕が言うのも意外と思う方もいらっしゃるとは思いますが、**今は解説者として「ロースコアの試合はまったく面白くない」と公言しています。**野球はやっぱり点取りゲームであるべきです。点が入らないとこんなに退屈なことはありません。投手戦というのは締まっていい試合になることはもちろん否定しません。ただ、面白くないのです。**1-0で負けるのであれば、10-9で負ける試合。**同じ1点差負けでも球場に足を運んだファンの満足度は違うはずです。

ドカーン、ドカーン！　正直、球場に次々と花火が打ち上がったほうが足を運んだファンの方は喜びますし、野球もエンターテインメントの側面がある以上はそうあるべきだと強く感じています。ファンに「誰も打てなかったね」と思わせ家路《いえじ》を急がせるのと、それとも「負けたけど本塁打が3本見られたから今日はいいか」と救いを持って帰宅してもらうのとでは雲泥《うんでい》の差に思えるからです。

昨年こそAクラスになりましたが、10年というスパンで見ると、チームは低迷。その影響がまったくないとは言い難いですが、**やはり本塁打が少ないという背景も観客動員数に暗い影を落としているのではないでしょうか。**

投手だった僕が言うのも変かもしれませんが、野球の醍醐味は本塁打です。今、脚光を浴びる阪神タイガースの佐藤輝明は、あの強烈なスイングと長打力を誇るからこそ「また見たい！」と思わせる選手なのです。

あと、環境が人を育てるといいますが、千葉ロッテマリーンズの本拠地ZOZOマリンスタジアムや福岡ソフトバンクホークスの本拠地PayPayドームのように、**今こそバンテリンドーム ナゴヤにもホームランテラスを設置するのはどうでしょうか？** 当然、被弾されるリスクを背負うことにもなりますが、高橋周平《たかはししゅうへい》や根尾昂が次々と放物線を描くサイズに球場を調整していくのも一手ではないかと思います。

今の中日ドラゴンズにいる日本人選手に本塁打を求めるのが酷であるのならば、**年俸5億円を払ってでも外国人の長距離砲を連れてきてはどうでしょうか？** 打率はともかく本塁打を40発打てば、間違いなくチームの野球のスタイルは変わっていくでしょう。今シーズンの阪神タイガースのように、長距離ヒッターが真ん中にいる打線を見て、虎党の方もおそらく「3、4点差でも逆転できるんじゃないか」と期待感を高めているはずです。しかも本塁打には試合の流れをガラッと変える力があるので、その期待を抱かせるスターティングオーダーはやはり理想型だと思います。

言いたい放題と思われるかもしれませんが、現役引退後に僕の野球観が変わった最大のポイントといっても大げさではありません。さらに好き勝手に言わせていただくと、**「野球」ではなく「ベースボール」が観たいのです**。バンテリンドーム ナゴヤはテーマパークへと、文字どおりお祭りの場にしてもらいたい。そのためにやはり長距離砲の存在は不可欠。バンテリンドーム ナゴヤにホームランテラス設置をするとともに、3、4、5番で年間計100発の打線が組めれば、球場が興奮のるつぼと化すエキサイティングな試合が何度も観られるのではないでしょうか。

それを実現するためにも、現状でその可能性を感じる石川昂弥を育てることも必要であり、今後のドラフトでも長距離砲を重点的に獲得すべきだと感じています。

2・野球偏差値を高める

中日ドラゴンズは決して弱いチームではありません。近年、低迷が続いていることに、正直、僕は疑問を感じています。今季はネット裏という今までとは違う角度からその戦いぶりを観察し、そこで最初に強く感じたこと……それは漠然と目の前のプレーに向き合っているのではないかということです。**厳しくいえば「野球偏差値の高い選手が少ない」と**

いうことです。「投げる」「打つ」「走る」。野球に必要なこの能力に関してだけいえば、読売ジャイアンツや阪神タイガースの選手と比較しても遜色はありません。**でも僕は最後に勝負を分けているのは、頭の使い方だと考えています。**

「どうしたら相手エースを攻略できるのか」、「どうしたらこの強打者を抑え込めるのか」、「どうしたら次の塁を狙えるのか」。局面、局面でどこまで突き詰めて考えていけるかということです。もちろんプロといえども失敗はあります。ただし同じ失敗を繰り返す選手は、紙一重の戦いを演じる長丁場のプロ野球では飯を食えません。僕はこの本の中で、自分のベストピッチは2011年10月13日のヤクルトスワローズ戦の完封勝利だとお話ししました。ただそこに至る伏線があり、その1週間前の10月7日の読売ジャイアンツ戦で完封目前から一転、まさかの3失点。この苦い経験があったからこそだということ。もし1週間後のヤクルトスワローズ戦で同じような過ちを犯していたら、おそらく僕のキャリアはもっと早く終わっていたはずです。

僕の中で趣味といえる趣味といえば読書です。野村克也さんの戦術を軸とした著書を読み漁ることもあれば、大相撲の横綱・白鵬関のメンタルに関する著書、ラグビーのエディー・ジョーンズ監督のプレッシャーとの向き合い方を綴った著書など、「野球につながるな」

と感じた本は手に取り、現役時代は移動の際や遠征先のホテルで活字に目を走らせる時間を過ごしました。これはあくまで僕のケースですが、**本と向かい合うことでおのずと考える時間をつくる習慣が身についていたのかもしれません。**

もちろん、読書に限らず、野球偏差値を鍛える方法はほかにもあると思います。ただ、肝心なことは、プロである以上は漠然とプレーしないということ。なぜ、そう行動したのか、しっかりと意図をすべて説明できないといけません。打者なら得点圏でどういうアプローチをしていけばタイムリーが生まれていくのか。投手なら得点圏に走者を背負った際にどういう組み立てなら失点を防げるのか……最後の勝負どころでは必ず頭脳戦になっていくのがプロ野球。勝てないチームというのは、この最後のつばぜり合いで相手を上回ることができないのです。

落合政権時代はレギュラー陣の野球偏差がとにかく高く、勝負どころの匂いを感じ取りそこで結果を残していったし、それは攻守両面にわたりました。この1点を奪えば勝てる、このピンチを無失点で乗り切れば勝てる——試合の流れの大事な局面を瞬時に判断でき、そこに全神経を集中させ、頭脳をフル回転して相手を上回るのです。接戦での強さというのはそこに現れるのだと思います。現状のチームが本塁打を量産して相手球団を圧倒できる試合はほぼ皆無といってもいいでしょう。ならば余計に戦略面で相手を上回らなければ、なかなか優勝の二文字は近づきません。

3・若手よ、危機感を抱け

今の中日ドラゴンズの選手たちが実際にどう感じているのか本音のところまではわかりませんが、2軍に落とされるという危機感を持ちながらプレーしている選手がどれだけいるのでしょうか。僕が最近、抱いている疑問点です。「自分は2軍に落とされる心配はないだろう」。何かそう思っているように見えてしまうほど危機感がないのです。

僕が1軍にしがみつこうと必死だった時、ミスを犯すと「やらかしてしまった。落とされるな」と覚悟していたものです。それほど1軍にいても安閑《あんかん》とはしていられない状況。そういう空気はチーム全体にも流れていました。

もちろん、今の与田剛監督を筆頭とした首脳陣に対して文句があるわけではありません。ただ、たとえば読売ジャイアンツの原辰徳《はらたつのり》監督は年俸が上から数えて3本の指に入る丸佳《まるよし》浩《ひろ》であっても、不振と見るや平気で2軍再調整を命じます。そこにあるのは実績や名前ではなく、「現状のベストメンバーで戦う」という明確な意思表示であり、チームの指針です。

あの丸佳浩の2軍落ちというのは特別扱いをしていない証でもあり、おのずとチーム全体に緊張感が生まれるはずです。

やはりこの危機感や緊張感というのは強いチームには不可欠なもの。「下手なプレーはできない」という意識がおのずと選手の言動を変えていくのです。ただ目の前の試合を消化して勝ったら喜ぶ、負けたらヘコむの繰り返しでは成長などなく、いつまで経ってもチームは強くなりません。

ひとことでいえば**「ぬるま湯に浸かっているようなムード」が、今のチームに充満しているといると表現すればいいでしょうか**。その要因は、チームをピリッとさせたり、時折緊張感を走らせたりするベテラン選手が不在という状況にもあると思います。落合政権時代はその存在が立浪和義さんであり、谷繁元信さんであったわけです。

今や古き良き時代の上下関係は崩れ、昭和の時代の野球は時代遅れで古くさいという意見もあるでしょう。選手同士の仲がいいことはもちろん悪いことではないのですが、組織やチームには、多少は背筋が伸びる瞬間も必要なのではないかと思うのです。これには僕自身にも反省というか後悔があります。大野雄大あたりには言ってきたつもりですが、もっと丁寧に厳しく伝えるべきだったのではないか、と。僕は投手だったけれど、その垣根を越えて、生え抜きで現状の年長者である大島洋平《おおしまようへい》にも何か伝えることができなかったのか、と。**まさに僕自身が責任を感じている部分でもあります**。

時代が変われば、おのずとその時の状況に応じて組織の在り方が変化していくことは理解しています。おそらく会社員の世界であれ、プロ野球の世界であれ、接し方にしても指導法にしても現状に応じたアプローチの仕方があるはずです。ただ、ほんの少しだけ不変な部分が残されていても邪魔になることはないでしょう。

僕は中日ドラゴンズ以外のチームを知らないのでなんとも言い難い部分はあります。でも、**チームを引き締める役割、存在というのは、中日ドラゴンズの「良き伝統」であり受け継がれていってもいい部分ではないかと思うのです**。

僕が現役を終える間際には、首脳陣の批判を露骨に年上の選手の前でも口にする若手がいました。僕が若手の頃にはこんな言動など論外。若手同士だけで誰にも聞かれていない場所でならともかく、ここまで大っぴらに公の場で悪態をつく選手は皆無でした。「首脳陣の文句を言うくらいなら結果を出せ！」。その時、僕はこう諭すべきでした。そこには現役を退いた今でも責任を感じています。やはり、そんなことがまかり通るチームはなかなか強くはなれません。緊張感を走らせることができる実績のあるベテラン選手がいれば、まずこういう雰囲気にはならないものです。やはり、チームにはピリッとさせる存在は不可欠。フレンドリーな中にも、いるだけで空気感を変えられるリーダー的な存在がいてこそ強いチームが構築されると思っています。

4・ムードメーカーが欲しい！

今はコロナ禍の状況であり、試合前にグラウンドレベルに下りていく取材活動は基本的に禁止されています。僕自身も首脳陣の方々と話したり、選手たちとコミュニケーションが取ったりできず、練習時間も記者席からその姿を観察しているだけです。ただ、その光景を目で追っていくと気づくこともあります。

極端な言い方ですが、まるで「声を出さないで練習しろよ」という指示を受けているのではないかと思うほど、**グラウンド上で声が出ていないのです**。やはり声がないと活気や熱気を感じることはできません。結果、なんとなく暗い雰囲気がチーム全体に漂っているように感じてしまいます。フリー打撃中に会心の当たりが出れば「よっしゃ～！」と声を出しても誰かが文句を言うとは思えませんし、そんな選手がいるとチームには活気が出ます。レギュラーであれ、控え選手であれ、そんな空気を明るくしてくれるムードメーカーのような存在は貴重だなとつくづく感じます。

かつてチームには小田幸平さんというムードメーカーがいました。試合に負けた時でも下を向かず、元気よく声を出してもらうと、雰囲気が明るくなりました。正直、「うっとうしいな」と感じる時もありましたが（笑）、今、こうして一歩引いた解説者の立場から見渡した時、その必要性をあらためて感じるのです。

特に今の中日ドラゴンズと対戦する相手チームを見ると如実にその差を痛感します。たとえばヤクルトスワローズなら、大ベテランの青木宣親さんや若き4番に成長を遂げた村《むら》上宗隆《かみむねたか》がベンチの最前列に出てチームを盛り上げています。

今年の5月16日の中日ドラゴンズ対ヤクルトスワローズ戦。中日の柳裕也から11号本塁打を放っていた村上は2-2で迎えた9回にも右前打で出塁。するとベンチを盛り上げるために、めちゃくちゃガッツポーズを繰り返していたんです。本塁打王争いを演じるほどの4番打者ですから、涼しい顔をして悠然としていても誰も文句は言わないでしょう。ただ、あの少年のような笑みと、ベンチを鼓舞《こぶ》するような振る舞いはおのずと一体感を生みます。今の中日ドラゴンズにはない姿だと感じました。

これはヤクルトスワローズに限りません。今シーズン首位（6月末日現在）にいる阪神タイガースもジェフリー・マルテが本塁打を打つとベンチが一体となってお決まりのジェスチャーをするし、読売ジャイアンツを見てもゼラス・ウィーラーがチームのムードメーカーとして盛り上げている姿が目につきます。

このようなシーンは見ているほうも嫌な気分になる行為ではないし、ファンも一体となって盛り上がることができる。いいことずくめです。

これもユニホームを脱いで実感したことのひとつですが、決して安くはないチケット代を払い、足を運んでくれたファンが「何をしたら喜んでくれるのか」がわかれば、おのずと野球に取り組む意識も変わっていくのではと強く感じたのです。

野球ファンの中にはバンテリンドーム ナゴヤに通う常連の方々もいるでしょう。ただ、中にはこの試合が初めての野球観戦、あるいは年に一度の野球観戦、ひょっとしたら生涯一度の野球観戦になるというファンの方もいるでしょう。「観に来てよかったな」。そう思ってもらえるような試合を心がければ、選手の悩みなんて小さすぎてむしろ恥ずかしいこと。足を運んでくれたファンのことを常に念頭に置いておけば、選手には悩んでいる暇なんてないんです。

読売ジャイアンツの終身名誉監督でもある長嶋茂雄《ながしましげお》さんは、たった一度の野球観戦になるかもしれないファンのために、松井秀喜《まついひでき》さんにオープン戦であろうと常に試合に出続けることを命じたといいます。王貞治《おうさだはる》さんと長嶋茂雄さんの〝ON〟にとってそれは義務であり使命。松井秀喜さんにその巨人の伝統が継承されたわけで、これはプロ野球選手の誰もが真似すべき素晴らしい哲学です。

最後の最後までファンをワクワクさせるという意味では、プレーだけではなくヒーローインタビューもそのひとつでしょう。小田幸平さんはお立ち台に立つと「1、2、3やりました～！」と声を張り上げ、いつしかこのフレーズが定着。中日ファンの方々も心から楽しんでいたのではないでしょうか。

今年の6月1日に本拠地で行われた中日-ロッテ戦。柳裕也は相手をわずか1安打に抑え、3年ぶりの完封勝利を挙げると、横浜高の先輩で決勝打を放った福田永将《ふくだのぶまさ》とお立ち台に並びました。その福田は先制打を放ったあとにダヤン・ビシエドの左前打で本塁を狙ったものの憤死。柳は「ヒットを打って点を入れてくれた」と感謝したうえで、**「福田さんの足がもうちょっと速ければ2点目が入った」と先輩をいじったんです**。隣にいた福田も「頑張るしかないです」と恐縮し、スタンドが笑いに包まれる場面がありました。僕はこのようなやり取りで本拠地が盛り上がるのであれば、どんどんやるべきだと思いますし、小田幸平さんのようにお約束フレーズをつくるのもあり。**選手とファンの距離がグッと近くと、よりよいボールパークの空間が生まれることでしょう。**

僕が社会人野球時代を過ごしたトヨタ自動車では、「社員の皆さんを幸せにするために野球部員がやらなきゃいけないことがある」、「勝つことで自分たちが幸せになるのではなく、社員の皆さんが幸せになるということを理解してプレーしなさい」という教えがありました。そういう視点に立てば、**プロ野球は1試合たりとも無駄にしてはいけないんです。**もちろん長丁場で負けることもありますが、応援してくれるファンの心に何かを刻むプレーや姿を見せる義務があるのではないかと痛感しています。そのためには、声も出さずに淡々とプレーすることなど言語道断。

中日ドラゴンズの選手ひとりひとりが**「ファンに喜んでもらうために！」**と、エンターテイナーの意識も持つことでチームや球場の空気や雰囲気は変わっていくのではないでしょうか。それは今日から誰でもできること。きっと中日ドラゴンズ復活のキーのひとつとなるはずです。

豪華対談企画

竜のエースたちが語る「中日ドラゴンズ復活論」

2000年代にチームを日本一に導いた川上憲伸氏と
2010年代に投手陣を牽引《けんいん》した吉見一起による
夢の〝竜のエース〟対談がここに実現！
現役時代のエピソード、若手たちへのエール、
そして、中日ドラゴンズへ愛あるメッセージを贈る！

吉見一起

「吉見は球が速いピッチャーだけど、コントロールが荒れていると聞いていた（川上）」

――川上さんと吉見さんの年の差は9歳。吉見さんの中日ドラゴンズのルーキーイヤーは2006年ですが、当時、すでに中日ドラゴンズの大エースだった川上さんを見た印象から聞かせてください。

吉見　僕はトヨタ自動車（の野球部）にいたので、自然とドラゴンズ戦は観戦しますよね。なので入団前から、川上さんや岩瀬さんは、本当にレベルが違いすぎるというか、ちょっと違う存在でしたね。中田賢一（現阪神タイガ

川上憲伸

1975年6月22日、徳島県徳島市出身。徳島商業高校時代に第75回全国高等学校野球選手権大会に出場。明治大学でもエースを務めると、4年時には主将としても活躍する。97年度ドラフト会議で中日ドラゴンズを逆指名し入団。ルーキーイヤーに14勝6敗という好成績を残し新人賞を受賞する。その後も21世紀初となるノーヒット・ノーランを記録し、2007年にはチームを53年ぶりの日本一に導くなど、竜のエースとして飛躍。その後はMLBの名門アトランタ・ブレーブスと契約し、世界の舞台でも力投した。17年に現役引退後、野球解説者として活躍する傍ら、YouTubeチャンネル『カットボールチャンネル』も配信中。

ース）さんは僕が入団した時は2年目なんですけど、1年目のピッチングをテレビで見ていて、この人もすごいなと思ってて……ちなみに川上さんはアメリカに行くもんだと思ってたんです。なので、「中田さんが将来のチームを背負うんだろうな」っていう感じで僕は入団しましたね。やっぱり、ボールが速いというのがうらやましいというのがあるので。

川上　賢一ね。速かったし、切れも良かったもんね。

吉見　朝倉健太さんも150キロぐらい投げてました。

川上　**えっ、そんなに出てたか（笑）？**

――川上さんは日本球界を代表する大エースでしたが、新人の吉見さんが入団してきた頃の印象は覚えていますか？

川上　覚えてる、覚えてる。さすがにドラフト1位だからねえ。ちゃんと話をしたのはグラウンドではなくて、たしかオープン戦のナゴヤドームの観客席じゃないかな。たしか新入団選手が紹介される日で、ヨシはたぶんジャージかなんかで駆けつけてきた。

吉見　あっ、はい。そうでした。

川上　情報はインプットしてましたよ。（当時の）2軍の投手コーチは高橋三千丈《たかはしみちたけ》さんやったでしょ。高橋さんから「吉見は球が速いピッチャーなんだ」って聞いてて。「ほほぉ、MAX150キロ右腕か」みたいな感じでね。

でもコントロールが荒れてて、そこが問題だなとも聞いてた。**僕は「おい、投手はコントロールでしょう」とは思っとったけど**(笑)。

――吉見さんも川上さんと同じくドラフト1位の投手でしたが、あの当時のチームは屈指の投手王国でした。時間はかかると感じていましたか?

川上　ヨシのルーキーイヤーは2006年でしょ。あの頃はリーグ優勝や日本一を目指すのが当然みたいなチーム。でも、「そろそろ怪しいな」という選手がおるんですよ、先発の中で。なんとか上手くやっているけど、ファームにいい選手はいないかな……といつも僕は思っていて。高橋2軍コーチは明大の先輩・後輩の関係だったので「どうなんですか?」といろいろ聞いてましたね。

吉見　そうなんですか。でも、川上さんだけじゃなくて、当時はとにかくレベルが高すぎるなっていう印象しか僕にはないんですよね。

川上　当時は高いといえば高い。ただ、それは結果を残した経験者が多かっただけ。信用できる人間が先発とリリーフにおったからやけど、**今の中日ドラゴンズと全体のレベルはそんなに変わらんと思うよ。**

「川上さんとは全然話せなかったけど、いざ話すとしゃべりやすかった（吉見）」

――おふたりが先発ローテーションとして一緒に回ったのは2008年シーズンからです。

吉見　はい、すごく覚えているシーズンです。しかもロッカーが岩瀬さん、川上さん、僕の順番だったんですよ。とにかく全然、話せませんでした（苦笑）。

川上　いや、話したって（笑）。

吉見　そうですね、正確にいえば話していただいていましたけど、川上さんから振られた時だけですよね。さすがに僕からはいけないですよね。

――やはりドラゴンズの伝統として先輩、後輩間の厳しさがあったんですか？

川上　いや、僕は全然そんなつもりはない。当時のドラゴンズのロッカーはふたつにわかれていて、こっち側がなんかこうリラックスできる人たち系、向こう側がちょっとオーラ出している系みたいな感じだったけど（笑）。あと、立浪さん、谷繁さん、和田さん、中村紀さんだとか、外国人だとかが使う野手側にソファーがあるので、僕が投手側にもソファーをつくったんです。こっちにも置いてくつろごうよ…みたいな狙いでね。

吉見　僕はなぜ川上さんの隣のロッカーに座ったかもわかんないです。たまたま空いてたからだと思うんですけど……今でいえば大野雄大の隣にルーキーがいるような感じだと思いますよ。でも、川上さんは怖い人ではなかったので（笑）、いざ話すとしゃべりやすかった。ただ大エースでしたし、やっぱりその存在が大きすぎたことはたしかですね。

川上　僕は意外とロッカーにいなかったよな。トレーニング行ったりして。ただ、たまにいて、岩瀬さんとふざけたりしてると、ロッカーの向かい側に山井大介がおって「やめてくださいよ、マンちゃん（岩瀬の愛称）、ケンちゃん（川上の愛称）とかいつも言い合いしているのを後輩が見とったら、もうバカじゃないのこいつらと思うやないですか」と怒られた。「マンちゃん、ケンちゃんとか言っとったら、立場があるんだから示しがつかない」とも言われたね（笑）。**ヨシも頭がおかしい先輩と思ってた？**

吉見　いやいや（笑）。そんなことは思わないですよ。ただ、仲がいいなと思いながら見てましたけど、僕はなかなか踏み込めなかったですね。時間の経過とともにというか、少しだけ川上さんと話せるようになったのは、ブレーブスからドラゴンズに復帰してからですよ。

「年俸のアドバイスはしたけど、ヨシに投球技術の話はほぼしていない（川上）」

川上　いや、本人は覚えてないかもしれんけど、先発投手って遠征先では球場からホテルの帰りのタクシーが一緒になるんですよ。上がりになればチームバスより先に宿舎に帰るので。

吉見　はい、ローテ（ーション）を一緒に回っていればそうですよね。

川上　2008年からは吉見とかチェンも（ローテで）投げ始めて、**もう帰りのタクシーとかでふたりから年俸の話とか移籍の話とか質問攻めにされたよ。**

吉見　えっ、マジですか⁉　それは覚えてないです。

川上　ヨシは**「川上さん、僕ってどれぐらい**

今年、年俸いけそうですか？」とかね。たしか横浜スタジアムからの帰りだったかな。ヨシは結局、2008年は二桁勝ったんだよね。8勝やったらこうやんな……とか話した記憶があるよ。チェンなんか、その年に「僕は将来、海外行きたいんですけど、どうやったら行けますか？」って（笑）。おいおい、これ、オレ、誰にも言えんやんけみたいな。ちなみに2008年は僕が北京五輪（の代表選出）でいなかった。そんな中、ちゃんと試合をこなしたっていうのがヨシとチェンだったんで、僕なりに年俸に関して話した覚えはあるよ。

吉見　僕の中で川上さんが印象に残っているのは2008年のキャンプですね。僕の記憶違いかもしれないですけど、キャンプインの時にまだ契約してなかったですよね？

川上　そうそう。そのとおりだよ。

吉見　僕、川上さんと一緒にホテルに戻った記憶があるんですよ。「自腹や」とか話をされていたような。

川上　2007年に12勝しているのに「ダウン」と言われて、こっちは愕然としてね。「もうええわ、出ていくわ」って言って（サインをしていなかった）。これがメジャー挑戦の引き金になったから。

吉見　途中で契約したんですか、あのキャンプの時に？

川上　当時の西川《にしかわ》（順之助《じゅんのすけ》）球団社長が「実

をいうと、僕もおかしいのはわかるけど、僕のレベルではどうにもならん」と本音で話してくれた。もう1個上で決まっちゃっているんで……と。「そうなんですか。じゃあ今年（アメリカへ）出ますねって」って話して、キャンプ残り1週間ぐらいでやっと契約した。そんな経験もあったから、たぶんヨシにも年俸の交渉人としてアドバイスはしたんだと思うね。投球技術のアドバイスは、ほぼほぼしてないと思う。

「打者有利のカウントであっても、それを逆手に取って投手有利にする（吉見）」

——現状のエースから次世代のエースへ投球技術を伝授することはないのですか？

川上　基本的に僕もそうだったけど、人から「こうだよ、ああだよ」って言われると、その場は「うん、うん」ってなるけど、現実的にはそれが自分のピッチングとかそういうのに結び付くことはほぼほぼなかった。僕自身も人に聞かれたこともないし、言うこともなかった。**やっぱり大事なのは観察力**。自分で見て「ああ、コイツ、こういうとこが上手いんだ」っていうのを自分の中に取り入れていかないと上手くはならない。教える側、しゃべる人って、自分のズル賢いことはしゃべらんじゃないですか。ズル賢いっていったら言葉は悪いけどね。それを観察して、口にしてくれないことを、自分が気づかないといけない。僕もチームの先輩で左腕の野口茂樹《のぐちしげき》さんに投球術に関して聞いたことがあったんですよ。本人も一生懸命しゃべってくれたんですけど、「違う、言っていることと実際は違う」って感じることもあって。

吉見　川上さんがおっしゃっていることはすごく理解できます。そうなんですよね。やっぱり簡単に明かさないですよね。

川上　僕は野口茂樹さんを見た時に、印象に残ったことがあって、3ボール1ストライクのバッティングカウントの時に、必ず仕留めとるんですよ。バッターが「ヨシっ」と狙いにきてスイングした時にゴチョッとかバキッとなって打ち取れる。僕は、それまで2ボール1ストライクとか2ボール・ノーストライクとか、3ボール1ストライクの時に、四苦八苦して困っとった。どうしようか、ああしようか、ストライクを取ってもこのあとがな、とか思っとった。だけど、この「1球が一番勝負どころや！」と思ってカットボールとか、ちっちゃいシュートで仕留め始めた。「なんや1球で終わるやん」という感覚。ヨシもオレを見ていただろうし、その感覚はわかるんじゃない？

吉見　そのとおりです。2ボールの際にどうするか。**打者有利のカウントであるけど、そ**

れを逆手に取って投手有利にする。そのためにどうするか。それ学んだのは、川上さんだったり、朝倉さんなんです。その1球で仕留める球種は僕にとってはシュート。打者有利のカウントで、ちょっとこう、僕は動かすという意識でした。

川上　僕は後輩に対してしゃべってもないし、それは僕の投球を見て感じ取ってくれたらいい。「ああ、こいつこういうところで球数少なく終わるんや」って。球数の多い投手って、打者有利のカウントから結局3ボール2ストライクのフルカウントまでいって、フォアボールじゃないですか。

――そこが勝てるピッチャーと勝てないピッチャーの差でしょうか？

川上　そうですね、そうだと思いますよ。

吉見　やはり考えて投げているかどうかだと思うんですよね。

川上　「外国人選手は初球に気を付けろ」とよく球界では言いますよね。初球からなんでも振ってくるから、ストライクをアホみたいに取りにいくなよっていうから警戒してまずボール。これがまず損なんですよ、ピッチャーからすると。**初球が危険なら、こっちも初球に打ち損じる可能性のあるところを突いたら1球で終わるやんかって**。これをいつも思ったんですよ。

吉見　それは僕も思いましたよ。相手が初球を振ってくるんだったら、どうしろっていうのをオレに伝えてくれよと。それだけ言われると、ボールから入らなくちゃいけないのかなって思う。それによって、投球が後手後手になるんです。

川上　具体的に言えば、高橋由伸は初球から積極的に来ますよね。だったら、彼は横の変化は強いけど、縦の変化は1球で終わる可能性があるから、フォークを、ボールからボールじゃなくて、ストライクがぎりぎりボールやったらいい。腕さえ振っておけば、意外とボテボテってなるよって感じ。昨年、沢村賞に輝いた時の大野雄大は、そういう投球が自然とできてたからいいよね。

「先発していけるところまで……そう考える投手のピッチングに深みは出ない（川上）」

――おふたりとも、強い中日ドラゴンズのエースとして君臨。チームを牽引して優勝に導きましたが、「エースの条件」はいくつかありますか。

川上　僕が「ヨシが自分と似ているな」と思うことは、自己中心的な発想で野球をやっていないないということですよね。自分がこういうピッチングをすることによって、チームに及ぼす影響を意識している点が一緒。この1試合とかこの一瞬のことじゃなくて、やっぱトータル的なものを考えてピッチングしているなという雰囲気ですよね。だから、間のつくり方とか、このバッターには集中せなあかんなとか、ここが勝負どころだとか、そういう雰囲気を醸し出せるピッチャーでしたね。ピンチでも淡々、自分の調子が良くても淡々……そんな抑揚のない、メリハリが出せない投手はあまり信用できない。淡々と投げました、はい、終わりましたじゃねえ。今の大野が、僕はどうしてもエースって呼びづらい理由はそこにあるんです。

吉見　川上さんのおっしゃることはすごく理解できます。「投球に深みを持たせることができるどうか」ってことですよね。大野は、

それでも昔に比べたら、だいぶまともになってますよ。

川上　やっぱり逆算が多い人は、そういう投手になれる。**先発していけるところまでいっちゃおうと考える投手に深みは出ない。**（逆にいい投手は）今日の試合は自分が8イニングは投げないいかんなとか、あそこであの代打が来るな、とか。とにかく将棋の対局と一緒で、いろんな局面を常に想定している。そういうのが伝わってこないピッチャーってけっこういますよ。

吉見　川上さんと行き着く到達点は同じなんですけど、**僕は言葉を変えるなら「最悪な状況を常に想定」しながら、マウンドに立っていました**。だからそのために今、こうしようという答えが見えてくるんです。おのずと局面に応じて時間もかけますし、試合の流れだったりを意識しますよね。

川上　流れだよね。僕らふたりともセ・リーグの野球選手なんですよ。それは何かって、ピッチャーが打席に入ること。これってすごく流れが変わるんです。たとえば送りバント。失敗してベンチに帰るとハイタッチもなく、この見て見ぬ振りをする動きが、次のマウンドに行く時にすごく悪い後押しをされているなと感じるんです。逆に、初球であっさりバントを成功するとベンチは盛り上がっていい雰囲気でマウンドに向かえる。無死一塁で、ファウルチップのバント失敗の時なんか、マウンドに行きたくなくなる。これがセ・リーグ。それを勝負がかかる5、6回でやったらほんま最悪だよね。

吉見　その気持ち、僕も痛いほどよくわかります（笑）。

「ジャイアンツを倒さないと、『給料は上げられない』と言われた（吉見）」

――おふたりとも黄金時代を築いた落合政権時代のエースとして投げ、優勝するために読売ジャイアンツや阪神タイガース戦に登板すべくローテを調整した機会が多かったはずです。そのしんどさというのは……。

川上　ありましたね。阪神、巨人、横浜が多くて、広島戦がゼロとか、ヤクルト戦が開幕の1試合だけとか。こうなると何が起きてくるかといったら、**配球で裏の裏をかかなきゃいけない**。本当は外のカット（ボール）でいいのに、そこを敢えてインコースのカットに変えてみるとか。試合前にミーティングするじゃないですか。スコアラーから何々はどこが強くて、アウトコースどうのこうのって言われてもまったく無視ですよ。だって裏をかくわけだし、自分も、谷繁さんも、そういう問題じゃないからっつって（笑）。ヨシもそういう経験はあると思う。

吉見　僕もかなり煮詰めて考えていたとは思うんですけど、川上さんと同じで、対戦が多くなるとスコアラーさんのデータは全然アテにしなかったです。自分の経験を最後は優先してましたね。あと、やはりジャイアンツ戦は特別でした。２００９年に16勝したんですけど、ジャイアンツ戦で僕は１勝しかできなかったんです。１勝２敗か３敗だった（実際は２敗）んですけど、契約交渉の時に球団から**「ジャイアンツを倒さないと給料は上げられない」**と言われたんですよ。

――それは「中日ドラゴンズあるある」なんですか（笑）？

川上　だからそれで僕、メジャーに行ったようなもんですよ（笑）。阪神タイガースがリーグ優勝したのはたしか２００７年かな。そのシーズンは結果的に12勝８敗なのに、契約更改の際に**「川上くんはタイガース戦に後半１勝５敗で、その逆だったらドラゴンズは優勝してたのでダウンです」**って言われて。おいおい、ちょっと待ってくれっつうの（笑）。４年連続二桁勝利でダウンって……後半だけで阪神タイガースに６試合投げた評価もどこにいったのよ、と。

吉見　あの当時のドラゴンズは本当に強かったし、「優勝してナンボ」みたいな雰囲気はありましたしね。でも、契約更改でそう言われるのはなんとなくわかります。

「今の中日ドラゴンズには、経験を積んだキャッチャーがいない（川上）」

——おふたりともに3連戦の頭で投げるのがいわば定位置。火曜日か金曜日の登板が多かったはずですが、2戦目、3戦目への影響を意識しながら投げていたのですか？

吉見　僕は常に考えていました。責任だとも思っていました。

川上　それは100％考えるでしょうね。

——それはエースの役割なのでしょうか？

川上　ヨシも理解していると思うけど、やっぱり印象づけないといけないんですよ。基本的にヨシと僕っていうのは似ているんだけど、シュートとカットを持っているので、まず基本的にはインコースにどういうふうに入っていくかということが大事。打者というのはやっぱり内側は絶対に嫌がると思うのでね。いかにそこを打者に意識づけさせて、上手く機能させることができるピッチャーが3連戦の初戦を投げる……それが大きな意味を持つ。

吉見　川上さんがおっしゃったとおり、僕もかなり内角攻めを意識してましたね。僕の場合は、調子のいいバッター、相手チームの軸のバッターですよね。だいたい外国人選手が多いんですけど、言葉は悪いですけど、**初戦で潰すという意識です**。それが3連戦の初戦の僕の仕事。それができれば、2戦目、3戦目で先発する投手はグッと楽になるんですよ。

川上　その意味でも、僕らが助かったのは谷繁さんという捕手がいたことなんですよ。僕らも悩んでるけど、谷繁さんも座りながら悩む姿を出すんで、マウンドまで伝わってくるんです。時にはシゲさんがリセットのサインまで出して悩んでいる。そうやな、ここはたしかに大事な局面だし、シゲさんも悩むよな。オレも嫌な予感してきたしなあ……みたいな。**これが今の中日ドラゴンズのバッテリーにないんですよ**。なぜなら、そんなに経験のあるキャッチャーがいないから。

吉見　本当、それです。経験がないと微妙にサインのリズムが遅くなったりする。でも、谷繁さんですら悩んでいると感じた時はありますし、その谷繁さんの姿が試合を左右する大事な局面であることを物語っていたんです。

川上　リズムでサインを出してポンポンいく時もある。ただ、このイニングはすごく大事なんだなっていうのがわかる時って、最初のバッターの初球すら「あれ?」っていう配球になる。オレはフォークをそんなに使わないのに、いきなりフォークっていうことは、まずは、打者の様子や反応を見たいんだな……となる。それを勝負にいってないのに痛打されたりね。それからは「ボールにしてほしい」サインをつくってくださいってお願いして、サインを出したあとにちょっと指を回すから、となった。シゲさんとだってそんな失敗があったんですよ。

吉見　そうですよね、大事な作業です。だから、**キャッチャーが決まってこないと、ピッチャーも育ってこないとは思いますよ。**僕は谷繁さんに勝たせてもらったと本気で思っているので恵まれていましたよ。谷繁さんがいなくなって、その偉大さを痛感しましたから。

川上　お互いさまだよね。シゲさんもおそらくコントロールのいいピッチャーがいたんで、自分の意図すること（配球）ができた。相乗効果ですよ。コントロールがどうにもならん投手だったら、シゲさんが出したサインの意図も伝わらないだろうし、シゲさんも組み立てどころじゃなくなる。そういう意味では、**18・44メートルの空間の中で、しっかり相手打者と駆け引きして勝負に勝てていた。**

「**現役を引退してからなおさら、厳しく言っておけばという後悔が強くある**（吉見）」

――川上さん、吉見さんというエースの系譜があって、昨年ついに大野雄大投手が沢村賞を獲得。チームも8年ぶりにAクラスとなりましたが、逆を言えば、7年連続Bクラスの暗黒期もあったわけです。常勝チームだった頃と違ったと感じる部分はどこですか？

川上　僕は2009年にアトランタ・ブレーブスに移籍して、12年に再び中日ドラゴンズに復帰したけど、はっきり言わせてもらうと、**この時に「ああ、変わったなあ」というのは実感したね**。僕は星野仙一さん、山田久志《やまだひさし》さん、落合博満さんの下で野球をしてきたけど、そのどの時とも雰囲気が違っていた。

吉見　川上さんが感じた雰囲気って「緩くなった」ということですか？

川上　ほんと緩い！

吉見　やっぱりそうですか……。

川上　ヨシも経験していると思うけど、落合政権の頃って「幹部会議」があったでしょ。要するにエースを張ってる人や守護神、野手ならレギュラー陣の主軸が幹部。その幹部たちがほかの選手がわからないところで落合監督や森ヘッドコーチに呼ばれてね。そこで「お前はこの仕事をせえ」だとか、「あいつはこう使うべきだ」とか、ケンケンガクガクの議論を交わすんです。その空間は本当に戦争に勝つための秘密会議みたいなもの。ここだけの話で漏らすなよ、みたいな空気感で。それが12年にはまったくそんな雰囲気はなくなっていて、「伸び伸び野球をやりましょう」みたいな状況だった。ダメならファームでもう一回調整して頑張ろうって……いや、それは違うなあと思いましたね。やっぱり1軍の選手っていうのは、優勝に向かって戦略を立てていく集団じゃないとダメだと思うから。

吉見　僕はこのままでユニホームを着ていた身なので、少なからずそういう雰囲気になったことに責任は感じています。実際に中にいた僕もいつの間にか、チーム内に緊張感がないな、雰囲気が緩いなというのをすごく感じていました。僕が引退してなおさら思うのは、**「もっとピッチャーに厳しく言っておけばよかったな」**っていうことですね。はっきりと年長者である僕が言うべきでした。ダメなことはダメだよ、と。当時、自分には（ほかの選手のことは）関係ないと思ってしまっていたんですけど、そこに関してはすごく悔いがあります。これがチームの低迷の要因のひとつとも思っていたので。

川上　やっぱり緩いよな。ネット裏の解説者として見ていても、その空気は感じるよ。たとえば、まだプロ3年目の根尾が、与田監督のまえで、ベンチまえの手すりに両脇ではさむようにもたれて試合を眺めてるじゃないですか。僕にはあの行為はできなかった。後ろからシバかれる雰囲気でしたからね。まあ時代が違うといえば、それまでなんだけど、試合中のベンチの雰囲気ってすごく大事だし、ドラゴンズは星野さんからの流れもあるし、適度な緊張感は必要だと思うんだけどね。

吉見　落合政権の時もベンチは本当に戦争をしている感覚がありましたよね。僕はあの頃、

20代中盤ぐらい。今とは全然、野球に対する見え方も違うんですけど、**戦う集団の空気が漂っていたので、とにかくロッカーにもすごくいづらいんです**。それが僕がやめる時はまったくなかったです。ロッカーもリラックスする場所になっていますからね。

川上　雰囲気が緩いと、いろんなところに悪影響も出るよね。今季の5月23日の巨人戦（バンテリンドーム ナゴヤ）だったかな。僕はこの試合の始球式を務めたんで、グランドレベルで待機していた。だいたい試合開始15分まえとかって、けっこうな数の選手がグラウンドに出てきてベンチまえで体操したりストレッチしたりするでしょ？　でも、**もう相手のジ**

ャイアンツがほぼグラウンドに出て素振りしている選手もおるのに、ドラゴンズは誰もいなくて（笑）。おいおい、大丈夫かって。

吉見　僕、同じシーンを見てました。実は川上さんの始球式の前々日に僕も始球式をやったんです。

川上　出てきたな、と思ったら荒木（内野守備走塁）コーチ（笑）。コーチ陣がおるのに、選手がいないんだもん。逆でしょ。選手がまず揃っていて、コーチ陣があとから出てきて気合いを入れるって流れでしょ、普通は。このへんはやっぱり、戦うまえの準備ができていないのかな、と。落合政権の時にはこういう状況はなかったよね。

「アメリカにも存在する上下関係が、今の中日ドラゴンズからは失われた（川上）」

吉見　そういう雰囲気が、「時代遅れ」、「時代の流れ」っていったらそれまでかもしれないんですけど、僕が思うに、「やっぱりこの人がいると緊張感が走る」って人がいないことも、その原因じゃないですかね。

川上　そうかもね。今のドラゴンズにはちょっといないかも。

吉見　あの人にあとで怒られるから、ちゃんと準備しておこうとか。野球って団体スポーツだし、いつの時代でもチームには少し強面なキャラって重要な存在だと思うんです。

川上　実際にアメリカのメジャーでもあったからね。僕が在籍したアトランタ・ブレーブスには史上最強の両打ちと呼ばれたチッパー・ジョーンズがいた。ブレーブス一筋で通算2726安打、468本塁打、背番号「10」はチームの永久欠番でもちろん野球殿堂入りも果たしたスーパースター。とにかくこのチッパーが強面キャラというかほぼボス。新加入とはいえ34歳の僕がユニホームの着方まで通訳を通じて指示されたほどだから。

吉見　川上さんが指示されるんですか！

川上　ある試合では、試合中にラテン系がベンチで騒いでおって「イエーイ」とか言ってたら、試合後にチッパーに呼び出されて説教だから（笑）。「おい、おまえら。試合出んやつがなんでこんなことやっとんだ」って。ロッカールームは静まりかえってましたね。食事サロンでも並んでいるところにチッパーが後ろに来ると最悪ですわ。こっちはもう「どうぞ、どうぞ、先に行ってください」って言うしかない（苦笑）。**アメリカにも上下関係はあったのかと勉強になった。ドラゴンズに戻ると今はないんだよね。**立浪さんとか、シゲさんとかが引退してから。ベテランなら福留《ふくどめ》孝介《こうすけ》が今いるけど、やっぱりなんだかんだで外から来ている印象があるのでね。

吉見　「そんなの古い時代だよ」って言われ

たらそのとおりかもしれないですけどね。でも、プロ野球の世界しか……僕はほかの世界を知らないんですけど、**〝ボス〟的な人が組織にいるほうが、野球をやめてからでも絶対に自分の中で生きてくると思うんです。**なぜなら違う世界をのぞいたら、常に自分の仲良しの人に囲まれた状況なんてほぼ皆無でしょう。チーム内で仲がいいのはいいんです。ただ、それだけじゃ強い集団はつくれないと思います。ボス的な人が組織にいることで立ち振る舞いも気にするし、何より緊張感を生むのが一番です。「ちょっとこの人、面倒くさいな」とか「ちょっとこの人、苦手だなって」って感情を抱かせる存在がいるだけで、引き締まることはたしかです。

川上　そういう存在って口うるさいコーチでもいい。いるかいないかの問題でね。ただ、ドラゴンズに限らず、どこのチームにも「ちょっと雰囲気緩いから締めよか」みたいな選手ってだいぶ減ってきたよね。今なら誰なんだろう、広島の鈴木誠也《すずきせいや》からはその匂いを感じるし、若いけど、ヤクルトの村上宗隆も外から見てるといずれそうなるかもなって感じる。必死にやってるのがその言動でわかるから。ドラゴンズは基本的に、必要以上に笑顔が出すぎかな。

吉見　川上さんが言わんとしていることはわかります。

「全体に緊張感を与える森繁和さんの存在がチームにとって大きかった（吉見）」

川上　あと、誰とは言わないけど、僕らピッチャーは好調の時でも笑顔なんかいらんのです。あかん時でも笑顔を出せるんだったらいいけど、やっぱりあかん時は笑顔が出なくなる。やっぱりノリで投げるより、常に緊張感を持って、試合に臨むのがやっぱり正しい。今のドラゴンズでは、祖父江《そぶえ》（大輔《だいすけ》）はやっぱり1球の大切さをわかっている、僕自身も昔、痛い目にあったり、油断したらダメなことも経験しているし、彼も理不尽なファーム落ちなんかも経験したからね。だから祖父江は絶対に笑顔なんか浮かべない。僕らの時も笑顔を浮かべて投げているリリーフ陣はいなかったしね。あの浅尾拓也でも必死こいて、ドキドキしながら試合前に落ち着くことができていない。僕が「おいタク、大丈夫か？頑張れよ」って声をかけても「はい」って言いながら上の空（笑）。登板後にベンチ帰ってきても、なんか放心状態というかね。

吉見　本当にそうでしたね。あの浅尾が必死こいてましたし、みんなあのマウンドに上がるのが怖かったんだと思いますよ。あと、**森繁和さんの存在も大きかったですね**。

川上　大きかった、大きかった！

吉見　森さん自身にどうしても常にピリピリしている印象もあるし、常にあの人の機嫌を見ながらっていう空気が緊張感を与えていたような気がしますね。

川上　その森さんも、途中からちょっと柔らかくなってきた。

吉見　なりましたね。

——監督になったのも影響していますか？

川上　無関係じゃないと思いますよ。でも、若い選手が気軽に話しかけるような雰囲気を見て、僕には違和感があった。

吉見　投手陣を束ねていた森さんに、先発登板の2日後に「休み、いただけますか？」って聞きにいくだけでも、緊張してましたね。

川上　だから逆をいえば、**森さんが優しく声をかけてくれたら涙が出るぐらい嬉しかった。**いや、本当に。めったにないんだけど。ある時、KOされてマウンドでボールを渡した際に、「憲伸、こういう時もあるよ。長いシーズンやっとったらな。今日はいいから、とにかく、次、この次だぞ。問題は」とか言ってくれて、涙が出るぐらい嬉しかった。そんなん、普段言ってくれんから。

吉見　僕も同じようなセリフを一回だけ言われたことあります。「今日はいい。次やり返したらいい」って。

川上　やっぱり星野仙一さん、山田久志さん、そして落合博満さんの時もね、**裏方さんを含めて、全員が指揮官の気持ちを受け止めて意思統一ができていた**。だから、おのずとヒリヒリした、張り詰めた空気が醸し出されていたよね。たぶん、2012年の高木守道さん（が監督）の時に、ちょっと仲良し感みたいなものが出すぎて一瞬、ふわーんってなったと思うんです。だから選手とコーチだけじゃなく、裏方さんから球団フロントまで、ピリッとした緊張感が消えたのかもしれないね。

吉見　野球にミスはつきものかもしれないけど、ドラゴンズにはミスが許されない雰囲気ってありました。だから選手もミスを極力しないように準備していましたよね。

川上　送りバントを失敗したら、ピッチングどころじゃないっていう感じな。**「なんでバッティングのことでこんなに悩まないかんのか」という**（笑）。次の日、球場に早く来て送りバントの練習とかしてたもんねえ。星野政権の頃なんて送りバント失敗したら「永遠にバント練習しとけ」と言われて、ずっと試合前の練習でコツン、コツンとマシン相手にね。

吉見　僕もありましたよ。連係プレーでミスして、ずっと投内連係の練習ばかりやらされました。

川上　セ・リーグの投手ってそういう野手としての側面あるからね。ただ残念なことに、今見てても、ピッチャーには打撃練習中にリードオフの走塁練習をしとる人もいないしね。

吉見　はい、いないですね。

川上　セの投手はやらなきゃいけないのに、もうパ・リーグ化してるのかなっていう感じだよね。送りバントを失敗しても普通に帰ってこれる状況やし。

「ドラゴンズの投手陣の矢印が今は同じ方向を向いていない気がする（川上）」

――エースとして優勝を味わってきたおふたりが、もう一度、常勝軍団を築くために今のドラゴンズに必要なことや提案すべきことはありますか？

川上　長いペナントレースで必ずミスは起きる。ただ、そのミスはなぜ起きたかっていうことをみんなで理解し、練習を繰り返すという作業を徹底していくこと。「野球だからミスは起きるよ。はい、ちゃんちゃん、ではないでしょ！」と言いたい。たとえば、パ・リーグのチームが交流戦で送りバントを失敗してもまったくおとがめなし。打席に入ってバットに当たったら喜んで、ヒットを打ったら笑顔でガッツポーズまでやって。**こっちは打って笑顔なんか出したことない。こっちはそんなもんが許される野球をしてきてない。**ミスをなくすというのは不可能かもしれないけど、緊張感を持って、限りなくミスをしない野球をしていかないといけない。

吉見　少し使い古された言葉かもしれないですけど、僕は「執念」みたいなものを今は感じないんですよね。淡々と野球をやりすぎているように見える。もっと投手なら1球、打者ならワンスイングに執着してもいいのではないか、と。あとは、チームメイトで傷のなめ合いはする必要はないと思うし、やっぱり仲良し集団は僕はよくないと思う。普段は仲良しでもいいんですけど、**やっぱりユニホームを着てグラウンドの中にいる時は、お互い**

が意見をぶつけ合い、ののしるくらいやってもいい。やっぱり「駄目なものは駄目」って言える集団にならないといけないですね。僕は、そんな空気になればおのずと強いチームに変貌していくのではないかと思っています。

――野手陣に関してはいろいろ意見があると思いますが、今のドラゴンズはピッチングスタッフに関していえばリーグでも屈指ではないでしょうか？

川上　うん、それはやっぱりいい数字が出ているからね。

吉見　いいですよね。交流戦も良かったし、質量ともにリーグ上位ですよ、ドラゴンズのピッチングスタッフは。

川上　でも、**なんか矢印が同じ方向を向いていない印象がある**。リリーフ陣はいいんだけど、先発陣に結束力がないというか、なんとなく各々がいろんな方向に向かってやっている感があるかな。「自分の投げるこの1試合」じゃなくて、「今後に及ぼす影響」もしっかり感じながら野球をしていけば変わってくると思うよね。黙々と集中して投げているのはすごくわかるんだけど、なんか深みを感じないというか。

――その中でも、昨年は沢村賞を獲得した大野雄大が今季は少しもたついている感はありますが、柳の安定感は光ります。

吉見　もともと、彼はいい投手ですよ。これぐらいやってもまったく驚きはないです。これぐらいできるものだと思っていたので。**マウンドから野球観が伝わってきますよね、今の柳からは。**

川上　そうなの。重みや1球の大事さがね。柳の投球術とかは、ベンチから見てても若いピッチャーの勉強にもなると思う。「ああ、そこでストレートじゃなくて変化球か」、「ここは徹底して低めで絶対に高めにいかないんだ」、「ああ、ここではけっこう高めにもいくんだ」みたいな感じでね。大野からじゃあちょっとわかんないと思うんですよ。なんか「ああ、やっぱ球がエグいわ」で終わっちゃうというか。

「初回に出す僕のガッツポーズは、『全員で戦います』という意思表示(川上)」

吉見　ほんと大野はすごいから抑えたっていう感じですよね。柳は引き出しを使って配球を含めて打者と駆け引きしながら、それを上回っているって感じですよね。川上さん、**明治大学出身のピッチャーってなんでみんないい投手なんですか。**侍ジャパンにも選出されましたけど、広島の森下《もりした》暢仁《まさと》もめちゃくちゃいい投手ですよね。

川上　うーん、やっぱり、明治のピッチャーって、セ・リーグに合ってるんじゃないかな。

僕自身も明治からドラゴンズに来て、「ああ、野球のスタイルが似てるな」っていうのは感じた。えいや〜ってストレートでやみくもにいって、自分の得意なフォークを投げて抑えます……とかじゃなくて、ストレートにスローカーブを交ぜるとか緩急を使うんですよ。一方で、慶應とか法政のピッチャーってあまり緩急を使ってないんですよ。球はすごく速いけどね。

吉見　そう、明治大学出身の投手ってみんなカーブを投げるんですよね。しかもポーンっていう縦の。ドラゴンズでいえば川上さんはもちろんのこと、今、2軍投手コーチの小笠原孝さんや岩田慎司《いわたしんじ》とか。

川上　なんせ明治大学には器用なヤツが多い。指先ではなくてピッチングがね、考え方も器用。広島の森下でも、あのカーブが打者からしたら、うっとうしいわけじゃない？　あのカーブを待つのは勇気がいるしね。来ない時もあるわけだから。

――川上さんを含め、明治大学出身投手はやっぱりガッツポーズもあれこれ考えるんですか？　吉見さんはどちらかといえばポーカーフェイスで淡々と投げるイメージですが。

吉見　僕もどっちかというと感情を表現して派手なガッツポーズをしたいんですよ。やっぱり、川上さんを見て学んでるんで。**実際に、「ガッツポーズはこうやってするもんだ」っ**

ていう話を聞いてましたので（笑）。

川上　ヨシ、出しとったやろ？　グローブをこうやってポーンとする感じで。チェンはこう、僕みたいな感じで、うわーってやってたような記憶がある。

吉見　僕の場合はほんとものすごく控え目だったと思いますよ。岩瀬さんからは、「憲伸は派手なガッツポーズをしていいタイプ、でもお前は感情を出しちゃいけないタイプだって」と言われましたから。ただ、ここっていう時は勝手に出ますよね。もう本能で出ますよね、咄嗟《とっさ》に。ただ極力、僕はやらなくなりました。岩瀬さんがなぜそう言ったのか理由はわからないんですけど……。

川上　僕がガッツポーズをやる理由はやっぱり「今のこの局面、この試合の中で大事なんだぞ」ということを伝えたいから。8対0のリードでやってる人はおらんでしょ。もっとわかりやすくいえば、日本シリーズ投げとった時の話。初回から2死満塁のピンチで打席には新庄剛志さん。3ボール2ストライクになってスローカーブで三振取った時にガッツポーズをした。初回でガッツポーズなんかすることはほぼないんだけど、**これは「今日の試合はもう全員で戦います」という意思表示**。「僕は先は見てません、とにかく0点で抑えていく野球をやっていくんです」という意味もあってね。メジャーリーガーでもそんなガッツポーズとか普段からしない人が、WBC（ワールド・ベースボール・クラシック）になったら、初回からガッツポーズしたりとかあるじゃない？　やっぱりそれって1イニング目がこんなに大事なんだって周りに伝わる。自分もそれは燃え上がってますけど、**実はどちらかといったら演技ではある**。

――今のドラゴンズの投手陣で、もっと動きを出していいと思うのは？

川上　大野はねえ、もっといろいろアクション欲しいですよね。「えっ、今、なんか起きました？」みたいな感じでベンチに帰ってくるより、もう少しなんか、「ああ、ピンチやったな」っていう動きが欲しいよね。

今は監督になった気分で、試合を俯瞰して見ることができる（吉見）

――ところで少し話はそれますけど、おふたりともユーチューバーとしても活躍中です。

吉見　僕はやり始めたばかりですね。**チャンネル名は『コントロールチャンネル』**。本当に野球少年というか、子ども向けなんです。

川上　僕のは『**カットボールチャンネル**』。**お笑い向けな**（笑）。

吉見　むちゃくちゃ面白いですよね。今、テクニカルアドバイザーを務めているトヨタ自動車に行くと必ず川上さんの話になります。

「もう面白すぎる」って評判で。で、必ずいろんな人に質問されるんですよ。「川上憲伸さんって普段からあんな感じの人なの?」って。**僕は「いや、選手の時から、あんなんでしたよ」って言うんですけど(笑)**。

川上　ああ、それな。オレ、いつも言われるやんな。「あいつ、性格変わったぞ、現役やめてから」って。YouTubeのコメント欄でも、「あいつなんかあったんちゃうか」とか「ほとんどしゃべらんかったやつが」とかね。**「そんなもん、試合中に登板しながら、しゃべらんだろう!」って言いたい(笑)**。ただ、少し真面目な話をさせてもらうと、去年はコロナ禍で、高校野球の甲子園が中止になったでしょ。僕のプロ野球選手の夢が甲子園から始まったところから考えると、ちょっとこれは悲しすぎるなと。ただ、僕はアマチュアの資格を回復していないから免許がないんで、高校生に教えることができない。ならばと、中学生向けの指導をYouTubeで流した。**野球の指導で何か役に立てればと思ってね**。それが始まりなんですよ。

——さて、おふたりはいずれ指導者としてユニホームを着ると思いますが、中日ドラゴンズへの思いを聞かせてください。

吉見　はい、僕はいずれ指導者になりたいと思っていて、今は必死に野球を勉強しているところです。社会人野球のトヨタ自動車で後輩たちをコーチしていることもすごく新鮮でいろんな発見があります。

川上　恩返しっていうか、やっぱり野球が大好きなんでね。野球が好きだからこそ、魅力的な場所だと思いますよ。ただ、解説をしてるとものすごく野球がわかってきてね。よくなんか（引退した選手が）言っとったじゃないですか、「ネット裏から野球を勉強します」って。もう今や勉強になりすぎて、これが現役中にわかってたらなぁ……という思いに苛《さいな》まれてますわ。たとえば、現役の時って、僕が3連戦の2戦目投げるとするでしょ。その1戦目の時って、やっぱり確認するというか、相手打線が気になってけっこう集中してチェックするわけですよ。「坂本勇人なあ、若いのにそこを打つんだ」、「村田修一《むらたしゅういち》にカーブあかんぞ」、「阿部慎之助、状態良さそうやな」とか。それで2戦目に僕が投げて次の3戦目。ほとんど達観しながら見てるんですよ、3戦目って自分に置き換えては見ないので。**つまりリラックスしては見られるんだけど、その時の試合の見方と今の解説者の立場が似てる。**

吉見　僕は新米の解説者ですけど、ネット裏から見る野球って気づくことがたくさんあるんですよ。こんな見え方するんだっていう。

川上　特に思うのが、ネット裏から見てて、マウンドに行くタイミングとかはもちろんだけど、ピッチャーを孤独にさせちゃいけないとか、逆に孤独にさせなきゃいけないとか……こういう部分を遠目から見ててたくさん感じるし、そういう部分はすごく勉強になる。
吉見　僕もそこはあります。今はすごくリラックスして見れてるわけですよね。今までは現役だったので、どっちかというと自分のことだけでやってましたけど、**今は正直、「自分だったらこうするな」、「こうしたほうがいいんじゃないかな」とか、監督になった気分で見れてます**。それが当たりか外れかわかんないですよ。ただ、そうやって思いを巡らせたりすることも、今はいい経験になってますね。いずれプロ野球の指導者になった時に役立つと思います。

「テクニカルアドバイザーや
ネット裏の解説はチームの指導者に
なった時にきっと役立つはず（吉見）」

「ドラゴンズの投手陣には
結束力を高めて
同じ方向を向いてほしい（川上）」

KAZUKI YOSHIMI THE FINAL
吉見一起 引退セレモニー
VS SWALLOWS @ NAGOYA DOME _ 2020.11.6
THANK YOU
FOR GREAT 15 YEARS
三菱電機
Dragons

〝竜のエースの魂〟は中日ドラゴンズの
令和の黄金時代へと受け継がれていく——

おわりに

プロ15年間、223試合の登板数の中で脳裏に焼き付いている試合は、いくつかあります。その中でも感慨深かったのは、トヨタ自動車時代からの先輩で常に僕の相談相手になっていただいた日本ハム・金子弌大さんと投げ合った試合です。

2019年6月22日の日本ハム戦（ナゴヤドーム）。プロ14年目で初めて実現し、5回3分の2を1失点の粘投で投げ勝つことができました。

ただ、今だから言えますが実際は勝敗に対してのこだわりは少なく、憧れの先輩との投げ合いは夢心地という表現があてはまるでしょうか。

金子さんは投球フォームのメカニックのことから交流戦のパ・リーグの打者対策など現役時代はすぐ相談できるかけがえのない存在だっただけに、投げ合えたことがご褒美のように感じていたのです。

2019年がその1勝で終わり、引退の2文字を意識せざるをえない状況で迎えた2020年シーズン。その金子さんに声をかけていただき、初めて一緒に米国での自主トレに同行させていただきました。

結果的には最初で最後となりましたが、僕にとっては有意義な時を過ごすことになります。金子さんには大変失礼なのですが、実はトヨタ自動車時代からセンスで野球をやっているのではないかと思っていたのです。ただそれは大きな誤りでした。**朝起きてからすべての行動が野球のための準備のスタート。**僕も細心の注意を払ってマウンドに上がるための準備をしてきたつもりでしたが、その比ではありません。やはりアスリートは身体が資本。シーズンを乗り切るための体力強化は当然のこととして、食べ物からサプリメント、飲料水まですべてのものが計算され尽くし、超一流の人は、準備がすべてというほど入念であることを痛感させられました。

その意味で中日ドラゴンズの中で模範となれる存在は、大島洋平でしょう。毎年のように3割のハイアベレージを残し、安打数も常にリーグトップを争い、大きな故障でチームを長期離脱することもありません。これは大島洋平が口に入れるものから細心の注意を払い、身体のメンテナンスに至るまでプロとして準備を怠っていない証です。

「打つ・投げる・走る」

単純にこの能力だけを比較すれば中日ドラゴンズの面々は他球団の選手と遜色ありません。むしろ特に投手力は、上回っている部分が大きいでしょう。ではなぜチーム単位になると、組織になると低迷してしまうのか。さまざまな要因はあると思いますが、大島洋平のような意識の高い選手が少ないということもその一因だと思います。

今年からネット裏の解説者としてプロ野球を観戦して、頭に浮かぶことがあります。それが「なんのために野球をしているか」というシンプルであり最も重要なテーマです。もちろん、自分のため、家族のため、自分の設定した目標のため、チームのため……複数の答えがあると思います。

ただ、僕がプロである以上、その根底に流れていなければいけないと思うのが「ファンのため」ということです。

お客さんが決して安くはないチケットを購入して球場に足を運んでくれなければ、プロ野球選手は生計を立てられません。新型コロナ感染拡大という未曾有《みぞう》の事態。昨年から無観客での試合も開催され、ファンの存在の大きさ、その声援の偉大さをこれほど感じたことはなかったのではないでしょうか。

ならば、やはりプロとして「ファンのため」にグラウンドで恥ずかしい、無様なプレーはしてはいけないのです。

原点に立ち返れば、プロ野球選手は球場に足を運んでくれたファンを喜ばせることが宿命といっても大げさではないでしょう。

その思考に至れば、選手個々はおのずと自らが今、何をすべきか、答えは出てくるのではないでしょうか。

僕は中日ドラゴンズ一筋で15年間、プレーしました。もちろん愛着があり、**身体のどこを切っても「ドラゴンズブルー」の血が流れていると自負しています。**

本当に働けたのは2008年から12年の5年間だけだったのではないでしょうか。それでも僕に期待をかけ、2013年のトミー・ジョン手術を受けた以降も7年間、契約を結んでいただき、ユニホームを着させていただき、大好きな野球をさせていただいた中日ドラゴンズ球団に対しては感謝の気持ちしかありません。

同時にファンの皆さん、良い時も悪い時も、吉見一起にこれまで多くの声援をいただきありがとうございました。

再び中日ドラゴンズに黄金時代が到来する日を切に願い、微力ながらサポートしていきたいと思っています。

2021年7月吉日　吉見一起

19

吉見一起

（よしみ・かずき）

CBC野球解説者／中日スポーツ野球評論家／
トヨタ自動車硬式野球部テクニカルアドバイザー

1984年9月19日、京都府福知山市出身。小学2年生より野球を始め、金光大阪高校の3年春には甲子園出場を果たす。卒業後はトヨタ自動車に入り、社会人ナンバー1との評価を得ると、2005年ドラフトの希望枠で中日ドラゴンズに入団する。3年目の08年に二桁勝利を挙げると、09年には16勝で最多勝を獲得。さらに11年には18勝、防御率1.65を記録し、最多勝、最優秀防御率、最優秀投手、ベストナインの4冠。08年からは5年連続で二桁勝利をマークし、〝竜のエース〟という地位を不動のものとする。しかし、13年に右肘のトミー・ジョン手術を受け、その後は懸命のリハビリを重ねる。16年は20試合以上に登板し復調をアピールすると、18年には6年ぶりの完封勝利を挙げたが、ケガの影響もあり、20年の9月に引退を決断。11月6日の本拠地最終戦で引退試合が行われた。引退後はプロ野球解説者、アマチュア指導者として、「中日ドラゴンズの復活」のために、これまでとは違う角度から野球を見つめている。

中日ドラゴンズ復活論
竜のエースを背負った男からの提言

著者　吉見一起

令和3年8月28日　初版発行

写真協力　中日ドラゴンズ／中日新聞社
企画協力　株式会社 MTX Agency
対談協力　ジャパン・スポーツ・マーケティング
装丁　森田直／佐藤桜弥子（FROG KING STUDIO）
校 正　玄冬書林
構成　伊藤哲也（中日スポーツ）

発行者　横内正昭
編集人　岩尾雅彦
発行所　株式会社ワニブックス
〒150-8482
東京都渋谷区恵比寿4-4-9えびす大黒ビル
電話　03-5449-2711（代表）
03-5449-2716（編集部）
ワニブックス HP　http://www.wani.co.jp/
WANI BOOKOUT　http://www.wanibookout.com/
WANI BOOKS NewsCrunch　https://wanibooks-newscrunch.com
印刷所　凸版印刷株式会社
DTP　株式会社 三協美術
製本所　ナショナル製本

定価はカバーに表示してあります。

ISBN 978-4-8470-7097-6